I0816379

BESTSELLER

Juan Miguel Zunzunegui nació en México en 1975. De ancestros mexicanos, españoles, austriacos y otomíes, es resultado de todos los encuentros de la humanidad a lo largo de la historia; por eso prefiere definirse como ciudadano del mundo y mestizo de todas las culturas. Ha publicado más de veinte libros. Es licenciado en Comunicación, especialista en filosofía y en religiones, maestro en Materialismo Histórico y doctor en Humanidades.

JUAN MIGUEL ZUNZUNEGUI

LA TIRANÍA DE LAS IDEAS

Gringos y mexicanos: cuatro paseos históricos para entenderlo todo

DEBOLS!LLO

El papel utilizado para la impresión de este libro ha sido fabricado a partir de madera procedente de bosques y plantaciones gestionadas con los más altos estándares ambientales, garantizando una explotación de los recursos sostenible con el medio ambiente y beneficiosa para las personas.

La tiranía de las ideas
Gringos y mexicanos: cuatro paseos históricos para entenderlo todo

Primera edición en Debolsillo: julio, 2024
Primera reimpresión: septiembre, 2024
Segunda reimpresión: febrero, 2025
Tercera reimpresión: abril, 2025

penguinlibros.com

Diseño de portada: Penguin Random House / © Fabiola Mayón
Composición a partir de imágenes de iStock

ISBN: 978-607-384-530-4

Impreso en México – *Printed in Mexico*

Dedico este libro, junto con cada uno de mis efímeros momentos presentes, a mi cómplice en esta maravillosa experiencia humana, en esta oportunidad de la existencia.

Por mostrarme la puerta de la eternidad
Y ser la llave hacia el sendero de la plenitud
Por ser y por estar
Y hacerme descubrir el efímero instante
Por ser la respuesta y ser la clave
Y mostrarme en medio de la oscuridad la luz
Por ser la puerta, la senda y el destino
Por mostrarme el final del universo
Y hacer que cambiara la leyenda de mí mismo
Por salvarme la vida
Eres todo lo que soy, y todo lo que soy es tuyo.

Gracias mi estrella, eternamente, gracias.

Ningún instante tiene justificación más allá de sí mismo.

NIETZSCHE

El que controla el pasado controla el futuro
y el que controla el presente controla el pasado.

GEORGE ORWELL

ÍNDICE

AGRADECIMIENTOS

Hay tanto que agradecer a tanta gente, que este libro quizás tenga más texto agradeciendo que contenido en sí mismo; pero probablemente lo que más he aprendido los últimos años es gratitud. No quiero, por eso mismo, que unos parezcan menos importantes que otros; todos han sido vitales para poder escribir este libro y para mi aprendizaje en general.

A Mónica Pasos, porque una vez más se encargó de que yo tuviera dónde escribir, y una vez más me consiguió un maravilloso y relativamente tranquilo rincón de Yucatán para que pudiera inspirarme, para mi retiro literario que resultó espiritual. Sin ti hubiera salido otro libro, no éste. Gracias.

A Daniel Parra, porque fue hasta ese rincón a llevarme una guitarra y unos amigos. Los amigos afortunadamente sólo estuvieron una noche; de lo contrario no habría escrito nada, pero la guitarra me acompañó todo el retiro, y la vida y los libros siempre salen mejor con una guitarra. Gracias.

A la maestra Tannia Ruedaquijano por perseguirme hasta poder llevarme a conocer a los 52 sabios maestros. Gracias.

A los 52 sabios maestros: Emilio Arnaud, Tamara Asatashvili, Diego Conde, Ana Lucía Díaz, Silvana Esquivel, María José Garcés, Emilio González, Emiliano González, León Gutiérrez, Bruna Larios, Paulina Leal, Manuel Lezama, Marina López, Ana Paula López, Armando López, Leonardo Macías, Fernando Medina, José María Ortega, Tomás Portillo, Karina Rodríguez, Rodrigo Salazar, Francisco Sánchez, Carmen Tapia, Patricio Vera, Iann Zamora, Cosmo Elio, Renata Ampudia, Leonardo Castellanos, Emiliano Chan, Daniel Cisneros, Juan José Corchado, Juan Ángel Díaz, Sofía Durán, Mateo Favela, Jorge Andrés García, Fernanda Leal, Alexa Leyva, María Fernanda A. Lomelí, Emiliano Martín del Campo, Diego Martínez, Luciana Martínez, Valentina Meltis, Amaya Mungarro, Maximiliano Murguía, Rodrigo Pantoja, Carolina Pérez, Montserrat Ripoll, Juan Pablo Rubio, Mateo Sánchez, Emiliano Sierra, Santiago Torres, Patricio Villela... por trasmitirme parte de su inocente y maravillosa sabiduría. Gracias. Lo más hermoso de los niños es que no están tan interesados en las respuestas como en la capacidad de hacer preguntas. Siempre pregunten, nunca se queden con una respuesta.

A Ileana Cervera, por dejarme mostrarle a un ser humano; lo demás sólo tú lo entiendes. Gracias.

A Angie Bilbao, porque aunque no estás relacionada con este libro, aparentemente, una frase tuya me persigue desde hace mucho y fue fundamental para muchas cosas. La recuerdo desde que no tenía la capacidad de entenderla y por lo tanto me parecía cursi en vez de sabia. Gracias.

A todos aquellos que dedicaron un tiempo para colaborar conmigo contestando cuestionarios y compartiendo un poco de sus experiencias en Estados Unidos, cuando este iba a ser un libro completamente diferente. Gracias.

A Gonzalo Rodríguez, que resultó ser médico de cuerpos y almas. Gracias.

A mis editores por su trabajo y su confianza: Cristóbal, Andrés, Fernanda. Gracias.

A las niñas de prensa de la editorial porque sin su trabajo mi trabajo sería inútil. Las que están y las que estuvieron: Marina, Sandra, Pamela, Jessica, Claudia. Gracias.

A mis lectores, tan entusiastas, tan entregados, tan apasionados, tan interesados en mi trabajo, que es para ustedes. Escribo para mis lectores. Gracias.

A todos los que me soportaron en mis peores momentos, que fueron muchos; muchas personas y muchos momentos. Gracias.

A mi cómplice hermosa, como siempre y como en todo, como en cada una de mis páginas. Porque ninguna de estas palabras existiría sin ti, y porque no me bastan todas las palabras... Gracias.

A la existencia, por existir y ser un maravilloso e insondable misterio...

ADVERTENCIA AL LECTOR:

La única y verdadera libertad

Cada vez que un ser humano rompe las estructuras y sale de la prisión de la identidad es una buena noticia. Pero cada individuo humano vive en esa ilusión de ser un individuo, al mismo tiempo que repite ideas masivas que se vienen arrastrando por siglos y milenios; fascinado con la quimera de ser único e irrepetible al mismo tiempo se aferra a ideologías, identidades, sistemas de creencias y religiones que lo hacen idéntico a otros millones de engranes sumergidos en la misma fantasía de la individualidad.

Nada atenta más contra la individualidad que la tiranía de las ideas. La libertad está más allá de todas las estructuras de la sociedad y la cultura; más allá de imágenes y estereotipos, de etiquetas e identidades; más allá de la mente y sus límites, del pasado y del futuro; desde luego, más allá de las masas, pues la libertad es algo que sólo pueden obtener los individuos.

La historia puede ser una herramienta ideológica para someter a los individuos a la dictadura del pasado y a la prisión de la identidad, a la tiranía de las tradiciones vacías, para condenarlo a la eterna repetición de lo mismo... O puede ser una puerta a la liberación, para utilizar el pasado con el fin de liberarnos del pasado, para ver cómo se han formado todas las estructuras mentales que nos limitan, y entonces liberarnos de la dimensión del tiempo y vivir en la eternidad.

Los invito a una forma distinta de ver la historia y a una manera diferente de abordar el pasado, para convertirlos en la llave que nos dará acceso a la única y verdadera libertad, esa que está más allá de las identidades y las estructuras, de las etiquetas y los arquetipos... Más allá de la mente y el tiempo.

Descubrí la libertad y quiero compartirla. De eso se trata todo esto. No soy nada, absolutamente nada, simplemente soy... Y sólo ahí reside la libertad.

UN PASEO POR LA HISTORIA, ESA INMENSA TEORÍA DEL CAOS

La peor moraleja que aprendimos sobre la historia es que ésta tiene moralejas. Los profesores y los libros siempre lo han manifestado así cuando repiten aquel adagio de que la historia estudia el pasado para que podamos aprender de él. Como la mente humana prefiere las teorías que la realidad, nos aferramos a esta teoría, aunque seis mil años de realidad en la historia de la civilización humana nos indiquen que jamás hemos aprendido nada del pasado. Si nos limitamos a hablar de México, esto es particular y dolorosamente cierto.

La historia, el devenir del tiempo, no es una lección, un experimento moral, ni una línea recta en perpetua evolución. Es, eso sí, una oportunidad. La historia es más como una telaraña infinita, una red cósmica en la que todos los puntos se unen en algún momento con todos los demás. Una gran interdependencia de sucesos, una inmensa teoría del caos que nos une y demuestra que todos somos uno y lo mismo.

Todo esto es así, por más nacionalistamente que en México nos contemos nuestra historia, como avestruz que esconde la cabeza en las arenas del pasado, mirándonos el ombligo como si en vez de pelusa, ahí hubiera respuestas. Nuestro ombliguismo histórico no va a llevarnos a ningún lado.

En esa inmensa red, toda historia puede ser comenzada a contar desde cualquier punto hacia cualquier otro, pasando por todos aquéllos que elija el narrador. Todo es una cuestión de narrativa, y ahí es donde entra aquello de que la historia la escriben los vencedores.

Esa narrativa le da a un pueblo una memoria colectiva, y resulta evidente que una narrativa diferente ofrecería una memoria diferente, con otras ideas y otros recuerdos, otros mitos y otros traumas, otros complejos y otras aspiraciones, otros aliados y otros enemigos, otros sueños y otros ideales; todo esto, evidentemente, daría como resultado otra mentalidad y, por añadidura, otra realidad.

Así como todos los individuos tienen la capacidad de reinventarse y transformarse para tener otra situación vital, cualquier país puede experimentar lo mismo. En ambos casos hay que soltar el pasado y hacernos conscientes de los condicionamientos mentales que repetimos. México puede tener otra situación, pero para lograrlo debemos cambiar la historia que nos contamos de nosotros mismos; cambiar nuestro pasado, ya que finalmente éste no es más que una ficción, una narrativa.

Finalmente, el pasado no existe; el pasado es memoria, y esa memoria, a nivel colectivo, depende del que cuenta la historia, de la narrativa que se hace desde el poder… Y ya es momento de que el poder recaiga en los individuos, los únicos que podemos y queremos cambiar nuestra historia.

Podemos narrar los hechos de modo que seamos producto de una conquista, y repetir eso a los niños de generación en generación hasta que, sin lugar a dudas, seamos un pueblo conquistado, y nos preguntemos por qué no salimos adelante. También podemos contarnos una historia de nosotros mismos en la que somos el nuevo pueblo elegido de Dios, con una nueva tierra prometida, y el dominio del planeta como destino, y repetir eso de generación en generación hasta que conquistemos el mundo.

Lo anterior constituye los cimientos de los discursos de México y Estados Unidos. Esa es la única diferencia entre ambos países: la narrativa, las historias que nos contamos de nosotros mismos. Los hechos del pasado no cambian, pues el pasado está muerto; tenemos el territorio y los recursos; lo único que puede cambiar son las ideas, y es con ideas como una nación puede forjarse un futuro. Las ideas son el único recurso que importa, y ya es tiempo de asumir que algo no ha funcionado bien con las nuestras.

Ésa es la razón por la que los gringos le sacaron a "nuestro territorio del norte" un provecho que nosotros jamás le sacamos, ni le hubiéramos podido sacar. Ellos obtuvieron riqueza donde nosotros teníamos un páramo desolado, porque sus ideas eran distintas, derivadas de la historia que siempre se han contado de sí mismos.

Lo que hoy somos es lo que es, y no podría ser de ninguna otra forma, precisamente por aquello de que el *hubiera* no existe. La realidad es lo que es, las cosas son exactamente como son, y ésa es la única moraleja posible. Negar la realidad nunca la ha transformado, y revivir el pasado nunca ha mejorado el presente. Es imposible aprender del pasado, porque no existe, y porque los hechos, las lecciones y los aprendizajes del pasado, corresponden a las circunstancias del pasado.

Lo único que existe del pasado en el momento presente son patrones y condicionamientos, y México viene arrastrando patrones anquilosados, arcaicos y muy poco funcionales que seguimos trayendo hasta nuestros días desde el siglo XVI, y a veces más atrás.

Los patrones y los condicionamientos se repiten por inconsciencia, porque no los vemos o, peor aún, porque estamos identificados con ellos, por más disfuncionales que sean, porque nos hemos dicho que eso es lo que somos. Le llamamos identidad, y no sirve para nada. La identidad es una versión estática del pasado que trata de controlar el presente y el futuro, un pasado muerto que se impone sobre un presente al que le impide estar vivo.

La existencia es un flujo continuo donde nada se repite, por más que la mente humana se aferre a determinados patrones. Mientras sigamos tomando como referencia el pasado y lo proyectemos al futuro, todo será como siempre. Decir que la historia se repite es culpar a la historia de la inconsciencia humana. La historia no se repite; nosotros hacemos que se repita precisamente por concentrarnos tanto en el pasado, y replicar hoy las ideas, las conductas, los patrones y los condicionamientos de ayer.

Es absurdo juzgar moralmente la historia o lamentarse de ella. Todas las culturas nacen, se desarrollan y caen, y llegado el momento y dadas las condiciones propicias, se mezclan, se funden y se confunden, y crean otras nuevas. Nunca en la historia de toda la actividad humana esta fusión se ha dado en forma pacífica, porque así de mamíferos y homínidos somos los humanos, pero todo lo que hoy *es*, es resultado de ese proceso.

Entendámoslo a nivel personal: cada uno de nosotros tiene dos papás, cuatro abuelos, ocho bisabuelos, dieciséis tatarabuelos y treintaidós de lo que siga hacia arriba; luego sesenta y cuatro, y más arriba ciento veintiocho ancestros en línea directa; una generación más arriba serían doscientos cincuenta y seis. Bastaría con quitar a *uno* de ellos para que cada uno de nosotros *no* existiera, y bastaría, evidentemente, con quitar el más mínimo detalle de la historia para que eso ocurriera.

Lo que hoy somos es lo que es, y no podría ser de ninguna otra forma. Insisto e insistiré: si los españoles no nos hubieran conquistado... México y los mexicanos, los que hoy somos y como hoy somos, no existiríamos, y los que hoy se lamentan del pasado no estarían aquí para poder lamentarse.

Que estúpido sería que los europeos de hoy se quejaran de la caída del Imperio romano en manos de los llamados bárbaros. La gran migración de los pueblos germanos acabó con ese imperio y toda su cultura, y generó otra: los europeos de hoy, descendientes de esa catástrofe cultural que eventualmente generó un renacimiento. Todo se transforma.

Que irracional sería que los españoles repudiaran —muchos sí lo hacen— la invasión árabe de Iberia, con la que dejó de existir el reino de los visigodos, pero engendró la España de hoy, con lo que, por cierto, si los árabes no hubieran conquistado Iberia, México, como es hoy, tampoco existiría... Y es que así de finos y sutiles son los hilos que teje la trama de la historia, de esa inmensa y maravillosa teoría del caos.

Si los iranios no hubiesen invadido el Indostán hace tres mil años, hoy no habría India ni hinduismo y, por lo tanto, tampoco budismo. Ni habría existido el mitraísmo, religión desprendida del mazdeísmo iranio, que entonces nunca hubiera influido en Roma y en los esenios, con lo cual tampoco habría cristiandad, porque de ahí surgió ésta; y los mexicanos, que no existiríamos, no tendríamos a la virgencita de Guadalupe.

Si los mongoles no hubieran invadido Asia en el siglo XIII, no hubiera habido expansión del budismo ni del Islam, y nada de lo que hoy conforma Asia sería como es, comenzando por China... Y, claro, nada de esto habría pasado si la humanidad no hubiera invadido la totalidad del planeta desde su cuna en África. En resumen, si el pasado no fuera exactamente como fue, nada de lo que hoy es sería como es.

Hace doscientos mil años, días más, días menos, la especie humana dejó su cuna africana y comenzó a descubrir, a colonizar y, de alguna forma, a conquistar todo el planeta. Y, claro, si eso no hubiera ocurrido no habría hombre americano, y los españoles, que evidentemente tampoco habrían existido, hubieran encontrado vacío el nuevo mundo, y México simplemente no sería, y desde luego Estados Unidos habría corrido la misma suerte.

Todo fin del mundo es el principio de otro. Un mundo se terminó en 1492, acabó la Edad Media europea y la Iglesia católica se quedó en el pasado con el ascenso papal de Rodrigo de Borja. Derivado de lo anterior hubo una Reforma protestante, sin la cual no existiría ningún país nórdico de Europa, tal como son hoy, no habría existido el calvinismo ni las persecuciones religiosas, y por eso mismo los puritanos no habrían navegado a Norteamérica para, con el tiempo, crear los Estados Unidos... Y obviamente esos desgraciados gringos *no* nos hubieran robado el territorio del norte, que no habría sido nuestro porque no hubiéramos existido nosotros.

A partir de 1492 el oro y la plata de América consolidaron el absolutismo real en Europa, gracias a lo cual la Iglesia comenzó a perder poder, y derivado de ello hoy tenemos ciencia en vez de hogueras inquisitoriales. Sin el absolutismo real y el comercio no habría prosperado la burguesía, la cual nunca se habría rebelado contra los monarcas, y la democracia, y la libertad que de ella emana, no se hubiese generado.

En ese panorama no habría habido Revolución francesa, no habríamos tenido a Napoleón, que nunca hubiera invadido España, con lo cual nunca se habrían dado las revueltas de independencia en América, aunque en realidad sin todo este proceso tampoco hubiera habido criollos en América, descendientes de los conquistadores que encabezaran una independencia que no hubiera sido necesaria porque nunca hubiera habido conquista.

Todo lo que fue es así, y no pudo ser de otra forma. Todo lo que fue es así, y somos el resultado de ello. Nada hubiera podido ser distinto... Y aunque hubiera podido serlo, no fue, y eso no tiene remedio. Cada detalle del mundo de hoy es resultado de cada detalle del pasado. Es inútil luchar contra eso. La única moraleja que podemos y debemos aprender del pasado, es que hay que soltarlo para siempre; de lo contrario, sí estaremos condenados a repetirlo.

ÉRASE UNA VEZ

EN EL CIELO…

Dios, que en realidad nunca ha sido muy serio, sino más bien travieso y juguetón, estaba muy circunspecto. Escuchaba el himno nacional mexicano, y no estaba nada contento con las calumnias que dicha oda a la violencia hacía sobre su divina persona.

—¿Qué demonios es eso de que su destino fue escrito por el dedo de Dios? Yo no tengo nada que ver en eso, ni siquiera tengo dedos. Y ya estaría bien que dejaran de pedirme que Yo les haga todo, y luego para colmo me endilguen su destino.

Lo anterior ocurría en una audiencia en la que dos ángeles lo interrogaban acerca del mal trato que le daba a ese rincón del planeta llamado México, que por más que le echaba ganas no lograba salir adelante, y que en contraparte hubiera sido tan pródigo con ese otro rincón, un tanto más al norte, conocido como Estados Unidos, donde aparentemente todo les salía bien.

—A Mí que me registren, y que me vaya Yo al infierno si tengo algo que ver en todo ese asunto.

—Bueno —respondió uno de los querubines—, ambos pueblos aseguran que Tú inventaste sus países.

—Sí —añadió el otro—, los mexicanos aseguran que escribes su destino, te rezan mucho todo el tiempo, dicen que te gusta que sean pobres y que por eso se van a ir al cielo, y no dejan de decir cosas como: "Si Dios quiere", "Que sea lo que Dios quiera", o se consuelan argumentado: "Ya estaba de Dios". Están convencidos de que todo es culpa tuya.

—Sí, claro —respondió el Señor (que si es creador seguramente es Señora, pero acordaremos decirle Señor para no confundir)—, también se la pasan diciendo eso de que a Mí rogando y con el mazo dando, pero sólo ruegan y nunca dan mazazos; o eso de que al que madruga Yo lo ayudo, cuando el que madruga se está ayudando solo. Además, pongan atención, nunca me rezan a Mí, sino a once mil distintas versiones de supuestos santos y vírgenes.

—Pero los gringos ponen en sus billetes que en Ti confían (IN GOD WE TRUST) —retomó la palabra el primer querubín—, y sus presidentes se la pasan asegurando en sus discursos que Tú los bendices (GOD BLESS AMERICA), y además sus teorías calvinistas dicen que te gusta que prosperen y que sean ricos, mientras las teorías católicas de los otros dicen que los prefieres pobres. Todo es muy contradictorio.

—¿Y Yo qué tengo que ver con todo eso del catolicismo y el calvinismo? —preguntó Dios, asombrado—. Son sólo eso que dices: teorías sobre Mí, teorías que nada tienen que ver con la realidad, y que desde siempre han sido utilizadas para mover a los pueblos de un lado para otro; me asombra que no lo hayan aprendido estudiando historia. Yo no tengo la culpa de que se dejen engañar por unos y por otros; para eso les di la libertad.

—Es que ahí también hay contradicciones —señaló el otro querubín—. Los católicos se la pasan diciendo que los hiciste libres, mientras que los calvinistas aseguran que todo está escrito y determinado por Ti desde el principio.

Fue aquí cuando Dios volvió a su carácter de costumbre y no pudo evitar una sonora carcajada.

—Ahí lo tienen —dijo sonriente—: un México católico, que por lo tanto cree en su libre albedrío, pero que en su himno asegura que Yo escribí su destino, y efectivamente me hacen juez, parte, cómplice y causante de todas sus desgracias y sus alegrías. Y miren a esos gringos: dicen creer en el destino, toda su ideología política está basada en eso que llaman destino manifiesto, la idea de estar destinados por Mí para conquistar el mundo, pero no esperan a ver si Yo hago las cosas y se ponen a trabajar para lograr el destino que dicen que les escribí.

Los querubines estaban desconcertados de que Dios les hablara abiertamente de política e ideología, dos cosas en las que normalmente nunca se entrometía. Bien sabido era que desde el séptimo día sólo se dedicaba a descansar, a contemplar la creación sin juzgarla y a tomar margaritas de tamarindo. Pero como en realidad nadie conoce sus inescrutables designios, querían saber si todo estaba o no preestablecido y determinado. Con Dios nunca se sabe.

—En el fondo —dijo uno de los ángeles— parece que ambos creen que Tú eres el causante y responsable de todo lo que ocurre en sus países.

—Los dos tienen mucho territorio —dijo el Señor—, ambos poseen recursos de todo tipo; tienen costas y desiertos, bosques y montañas, zonas fértiles e infértiles; tienen oro y petróleo, buen y mal clima, agricultura variada, todo tipo de flora y fauna, una inmensa biodiversidad. Los dos tienen todo lo necesario para prosperar, más que muchos otros pueblos y países; ninguno está en ventaja o desventaja. Todo lo que Yo puedo darles ha sido dado.

—¿Y la genética? —preguntó uno de ellos—. Es un argumento que usan mucho a los dos lados de la frontera.

—Saben muy bien que eso no tiene nada que ver. No existen las razas. Todos los humanos son esencialmente iguales, tienen los mismos genes aunque con distinto acomodo. Modestia aparte los hice a todos perfectos. En esos dos pueblos hay mezcla de todo tipo de culturas; en ambos países se combinó casi todo el mundo, aunque de forma distinta y en distintas circunstancias. Los dos son talentosos y creativos; hay mucha inteligencia de los dos lados, tienen genio y aptitudes. Los dos tienen todas las posibilidades.

—Entonces por qué hay tanta diferencia —preguntaron el unísono.

El Señor sonrió.

—Lo único que cambia es lo único que Yo no puedo darles, lo que no depende de Mí sino de ellos: las ideas con las que llenan las mentes que Yo les di en blanco, precisamente para que sean libres. Sus formas de ver e interpretar el mundo. Ahí está la diferencia.

Los dos pequeños ángeles se miraron el uno al otro con duda.

—¿Y quién tiene la razón? —preguntaron.

—Los dos la tienen y ninguno la tiene —respondió el Señor con una sonrisa que se convirtió en carcajada al ver el rostro de desconcierto de sus ángeles—. Está decidido

—agregó—, ustedes van a experimentarlo, pues no hay otra forma de descubrir las cosas que la experimentación. La realidad siempre es más amplia que las teorías necias que pretenden abarcarla.

Los dos parecían emocionados. Los ángeles no suelen experimentar nada que no sea alabar a Dios por toda la eternidad y de pronto se les presentaba la oportunidad de conocer la experiencia humana.

—Los dos van a nacer en La Tierra —les dijo Dios—. Serán niños humanos. Tú nacerás en México —le explicó a uno—. Te llamarás Juan. Tú nacerás en Estados Unidos —le dijo al otro— y te llamarás John. Ustedes buscarán sus propias respuestas.

Nacer en México, pensó Juanito, qué gran oportunidad. Todo ese folclor y esa alegría, todo ese canto y ese baile, ese talento y esa creatividad, tanto tequila y tanta fiesta, tantos amigos y gente cálida, tanta espiritualidad... Y con mis conocimientos angélicos voy a poder ayudar mucho para que progresen.

Nacer en Estados Unidos, pensó Johncito, qué gran oportunidad. Toda esa ciencia y tecnología, toda esa abundancia material y las oportunidades que ésta otorga, el mundo al alcance de la mano; todo ese crisol de culturas y esas maravillosas universidades, todo ese progreso y desarrollo... Y con mis conocimientos angélicos voy a poder ayudar a que sean más espirituales.

—Nada de eso —les dijo Dios—. Nacerán como todos, con la mente en blanco, con un lienzo para plasmar en él lo que sea. Sin ideas ni conocimientos previos, sin prejuicios ni concepciones predeterminadas. Serán niños, y todos los niños son iguales, todos son una oportunidad, un nuevo comienzo, un sinfín de posibilidades. Todos son una esperanza.

Los ángeles perdieron la sonrisa. Vivir la experiencia humana desde su conciencia angélica parecía maravilloso, pero vivir esa experiencia desde la inconsciencia que caracteriza a los seres humanos se veía muy distinto. Dios, que finalmente todo lo sabe, notó su desasosiego.

—Sólo así podrán experimentar lo que les digo: las ideas que reciban en sus mentes son las que determinarán todo. Ustedes nacerán en blanco, pero recibirán ideologías y preceptos religiosos, les darán teorías que darán por válidas por el simple hecho de que las aprendieron; cada uno pensará que su país está bien y los otros no tanto. Los moldeará su cultura y su sociedad, comenzarán a determinarlos sus padres, sus maestros, sus ministros de culto. Recibirán valores distintos y es muy probable que cada uno critique los del otro y los señale como incorrectos. Serán, como todos, víctimas de la ceguera ideológica y de la arrogancia cultural. Verán virtudes en sus comportamientos y vicios en los comportamientos idénticos del otro… Y, lo más importante, a cada uno le contarán versiones de la historia, historias sobre ustedes mismos, que inscribirán en sus mentes patrones y condicionamientos de conducta. Cada uno tendrá el potencial de la libertad, pero será esclavo mientras no sea capaz de ver las estructuras que los someten. Ésa es la realidad de todos los seres humanos.

Los ángeles estaban desconcertados, con sentimientos encontrados. La oportunidad de vivir la experiencia humana era la joya más preciada de todo el universo: ser libres, ser la conciencia de la existencia y poder experimentar ese milagro y ese misterio... Pero al nacer en las condiciones humanas normales también estarían sometidos al sufrimiento, a cometer los mismos errores una y otra vez sin aprender de ellos. Serían, como todos, esclavos de sus condicionamientos. Y ni siquiera se darían cuenta de ello; los dos padecerían lo mismo, pues esa condición no tiene nada que ver con las falsedades que son la nacionalidad y las fronteras.

—Sólo así podrán ver la verdad por sí mismos, que es la única forma de verla —comentó Dios al notar su evidente frustración.

—Pero entonces no podremos ayudar —respondieron los querubines.

—Ellos, ambos, tienen que ayudarse a sí mismos. Nunca ha habido otra forma. Pero les daré un consejo y una facultad para que no estén perdidos. El consejo es que vean la historia... La facultad será justo esa misma: podrán ver y comprender la estructura de la historia, pasear por ella. Podrán ver cómo la construye la mente humana mucho más que la realidad, podrán vislumbrar cómo se ha usado siempre con los intereses más mezquinos, y cómo las mentes colectivas han sido sometidas con la historia. Tendrán la facultad de pasear por esa gran urdimbre que es la historia, pues para poder ser libres hay que derrumbar las estructuras, y para deshacer algo es necesario saber cómo fue hecho. Si observan con atención y sin filtros, podrán ver la verdad... Y la verdad, que no puede ser aprendida ni enseñada, sino experimentada y descubierta, los hará libres.

—¿Y en qué época vamos a nacer? —preguntaron.

—En todas, pues no hay otra forma de entenderlo todo. Vivirán toda la historia —en todo momento, en cada año, en cada periodo histórico— y la observarán por encima de esa ilusión que es el tiempo. Finalmente cada individuo humano es resultado de eso: de cada etapa, de los condicionamientos inscritos en sus mentes por todas las generaciones de sus ancestros; son resultado de todas las versiones que se han tejido y construido a lo largo de la historia. Todos son esclavos de esa ficción a la que llaman *pasado*. Todo el pasado estará en cada uno de ustedes.

Fue así como dos mentes en blanco, como todas las mentes, nacieron como vecinos que lentamente se fueron haciendo distantes por causa de sus visiones completamente distintas del mundo y de la vida, de la riqueza y de la pobreza, del vicio y de la virtud. Dos mentes que comenzaron a cargar con ideas del pasado, a ser un eslabón más en una eterna cadena de esclavitud cultural; dos mentes que comenzaron siendo iguales y se fueron encaminando por senderos diversos, dos lienzos en blanco sobre los cuales se pintaron obras completamente distintas.

Dos mentes que llegaron a hacerse enemigas, que lucharon entre sí y que incluyeron en sus prejuicios visiones totalmente estereotipadas y ficticias de la otra. Dos mentes que necesitan de la otra pero que se niegan a aceptarlo, dos mentes que podrían complementarse pero que se niegan a comprenderse mutuamente sin darse cuenta de que cada una está estructurada por simples discursos, por las historias que a cada una le contaron de ellas mismas.

Pero serían niños… Y en los niños siempre hay esperanza. Son, de hecho, la única esperanza, pero sólo si sus mentes no son llenadas exactamente con los mismos patrones y condicionamientos que ya tienen las sociedades, y que las tienen exactamente como están.

Juanito y Johncito fueron mexicano y gringo. Dos seres iguales a los que les programaron en su mente las diferencias. La tarea más importante de todo Juanito y de todo Johncito sería eliminar esa programación, quitar capa por capa esa serie de falsas estructuras, todas productos socioculturales.

Nosotros no dependemos de nada para ser nosotros. Si quitamos la religión seguimos siendo nosotros; si quitamos la ideología, también. Podemos seguir quitando capas: la identidad, las ideas, las convicciones políticas, los discursos moralistas, los miedos y las aversiones, los prejuicios, los anhelos y las esperanzas —porque hasta esos son programados por la sociedad—, las cosmovisiones aprendidas y, desde luego, las historias que nos contamos de nosotros mismos.

Si lo hiciéramos, en el fondo veríamos lo mismo: dos seres, nada más y nada menos. Dos humanos tratando de vivir, enfrentándose a la existencia, y procurando ser felices. Todo lo demás es superficial.

EL PRIMER PASEO

POR LA HISTORIA

La mayor pobreza de México

En México el pasado siempre está vivo e invariablemente el futuro está en el horizonte de la esperanza. En consecuencia, lo que está muerto lo está en el momento presente. Ésa es nuestra principal pobreza: tener una carencia absoluta de lo único que existe: el Aquí y el Ahora. Somos así como nación, lo cual nos hunde en todo tipo de miserias. Y así se nos acondiciona como individuos, lo cual es la miseria en sí misma, pues quien no posee el momento presente no posee nada en absoluto. Puro pasado, nada de presente y, en consecuencia, un posible futuro que se nos escapa de las manos.

Podemos asumir esa culpa, o podemos culpar al gringo, lo cual es, desde luego, mucho más fácil, y mucho más moderno, que culpar al español. Nos sorprendería y nos resultaría seguramente ridículo que algún país culpara a los mexicanos de sus desgracias, pues nosotros somos pobres pero honrados y afortunadamente con poca conciencia de esa frontera que tenemos al sur, en la que hacemos con los centroamericanos exactamente lo mismo que les criticamos a los gringos en el norte. El nacionalismo genera ceguera selectiva.

Todo nacionalismo es un discurso de odio, de separatismo y de discriminación e incluye culpar a cualquier Otro de las desgracias propias. México culpa a los gringos y Guatemala culpa a los mexicanos.... Y, bueno, no olvidemos que el hijo predilecto del camarada Chávez ya culpó al intervencionismo mexicano de todas las desgracias de Venezuela. Como la necesidad de un Otro culpable de todo es común a cualquier discurso de identidad, los gringos no se salvan. Durante medio siglo XX culparon de todo a los soviéticos y desde que comenzó el XXI culpan de todo a los musulmanes.

Como víctimas profesionales que somos, nos sorprendería mucho descubrirnos victimarios; como saqueados que nos decimos, no concebimos la idea de ser saqueadores. Por eso no mencionamos nada de nuestra conflictiva y complicada historia con Guatemala, el país al que le robamos el norte de su territorio: el fruto de ese robo es uno de nuestros tesoros y se llama Chiapas. "¡Mentira! —dirán algunos—, los chiapanecos querían ser parte de México." Bueno, dicen los gringos que los texanos y los californianos querían ser parte de Estados Unidos. Claro, ellos siempre mienten y nosotros nunca.

Como pobres conquistados que decimos que somos sería imposible concebirnos como conquistadores, por eso alteramos o no contamos las partes de la historia que nos evidenciarían como tales; por ejemplo, aquella vez que conquistamos Yucatán, cuando Santa Anna evitó que ese territorio y esas personas tuvieran su historia por separado.

"¡Pero Yucatán siempre ha sido parte de México!", pensarán muchos… Pues sí, justo eso nos contamos hoy, al grado de que algunos yucatecos actuales, yucatanenses en aquellos tiempos, ya tampoco se acuerdan y creen que eso de la Hermana República de Yucatán fue sólo un sueño de opio de algunos despistados, en lugar de un episodio (dos de hecho) por medio del cual los habitantes de la península trataron de recuperar la soberanía que tenían por separado desde que México era Nueva España y Yucatán no.

Mucho menos conviene hablar del momento de nuestra historia en el que usamos incluso nuestro poderío bélico para impedir la iniciativa guatemalteca de convertir a Centroamérica en un solo país, como una sola provincia que era en tiempos españoles. "¡Eso no lo hicieron los mexicanos!", pensarán muchos; eso fue cosa de don Porfirio, que para eso es el malo del cuento. Bueno, Iraq y Afganistán no fueron invadidos por los gringos sino por *Baby* Bush, y México tampoco fue invadido por todos los gringos en 1847, sino por un gobierno. Qué fácil es todo cuando medimos con varas distintas las mismas cosas.

Total que nuestro presente histórico es tan sólo el punto en el que coinciden la nostálgica añoranza de mitos y la mesiánica esperanza de que todo mejore. Esa es nuestra principal pobreza, pues aunque nuestro añorado Mesías se presentara llegado de Aztlán, y nos colmase de prosperidad, nuestros patrones y nuestros condicionamientos heredados por siglos nos harían seguir en la eterna mezcla de lamentos y esperanzas que nos caracteriza como pueblo.

Podríamos ser ricos y añorar cuando éramos pobres pero honrados. Podríamos tener todo al alcance de nuestra mano, como de hecho lo tenemos, y encontraríamos otro motivo de lamentaciones con una nueva espera para que todo cambie sin que cambiemos nosotros.

Todo se construye hoy, aquí y ahora, en ese momento presente que dejamos escapar por vivir en esos dos tiempos que no existen: el pasado y el futuro, la memoria y la imaginación, el recuerdo y la esperanza. Una memoria ficticia fabricada desde las élites de poder de nuestra sociedad, y un futuro que, de ser una prolongación de nuestra evasión del presente y, por añadidura, de nuestros patrones y nuestros condicionamientos del pasado, no puede ser esperanzador en absoluto.

Nos vanagloriamos de un pasado tan glorioso —aunque no haya ningún vestigio de él en la realidad presente— que sólo podemos concluir que "alguien" nos ha robado "algo", que otro es el culpable de nuestra desgracia. Ese alguien, fiel a nuestras concepciones nacionalistas y "ombliguistas" de la historia, tiene que venir de cualquier lugar de Extranjía, origen de los enemigos por antonomasia de México: los extranjeros. El rincón de "fuera del mundo" causante de todos nuestros males fue España durante mucho tiempo, sustituida por un nuevo conquistador más cercano en tiempo y espacio: Estados Unidos.

Con nuestros vecinos del norte, hermanos nuestros por compartir muchas raíces, sucede como con España: tenemos historias que deben contarse juntas, que sólo pueden entenderse juntas. En el caso de España, por compartir cultura, religión, idiosincrasia, cosmovisión y lo que nos hace entender el mundo y le da soporte a todas las demás estructuras: la lengua. En el caso de los estadounidenses, por ser el hermano mayor (aunque ser mayor sólo quiere decir que nació antes); al que odiamos y envidiamos por las mismas causas, al que nos rechaza y nos necesita, al que nos discrimina al mismo tiempo que siente fascinación por nosotros, al que es más poderoso pero depende de nosotros en muchos aspectos... Nos guste o no, es nuestro vecino, nuestro socio y nuestra brújula; al que acusamos de nuestras desgracias pero al que pedimos ayuda en los momentos difíciles, al que queremos lejos pero añoramos cerca.

Ellos, los gringos, también viven en una jaula, también son prisioneros de discursos de identidad, también filtran la realidad según las historias que se cuentan de sí mismos, también tienen ceguera selectiva, también culpan a otros de sus desgracias y los usan como pretexto para sus intervenciones.

También arrastran patrones y condicionamientos y también están sometidos ideológicamente. Sí, pero también son la primera potencia mundial, lo cual hace evidente, por más tontos que nos guste decir que son, que algo de inteligencia y estrategia hay en sus discursos, una inteligencia y una estrategia que evidentemente no existe en los nuestros, que con todo para ser potencia no lo somos.

De Jesús al sueño americano: la prisión de la identidad

Todos los países y los pueblos tienen mitos, ante todo porque la idea de ser un pueblo sólo puede existir a través de mitos compartidos por una comunidad. No es el pueblo el que inventa los mitos, sino que los mitos son creados para inventar a los pueblos, del mismo modo que el discurso nacionalista europeo inventó a las naciones. La base común de la identidad, por lógica y naturaleza, es la lengua en que entendemos la realidad y en la que nos contamos nuestros mitos.

Nación, pueblo, patria, dios, libertad, son algunas de tantas ideas abstractas con las que han sido cohesionados, controlados y gobernados los individuos; pero ninguna existe en la realidad, y son justamente eso: abstracciones, los conceptos que han servido para que los seres humanos tengamos la sensación de que somos distintos unos de otros, y así nos matemos otros a unos durante siglos.

Existen los individuos. Los países no tienen historia. Los individuos sí tienen historias y entrelazándolas se construyen las historias nacionales. Pero la única forma de controlar, dominar, someter, gobernar y quitar impuestos a los individuos es convenciéndolos de que son un mismo pueblo, que de alguna forma y por ese simple hecho comparten, o deben compartir, ideas, visión del mundo y, por lo tanto, destino.

En el caso de las naciones y los nacionalismos son particularmente útiles esas cicatrices con las que hemos dividido al mundo y que hemos denominado fronteras, y la idea impuesta de que todos los que quedan dentro de unos límites imaginarios son intrínsecamente iguales entre sí e intrínsecamente diferentes de los que por simple azar nacieron del otro lado.

Así, un regiomontano tiende a sentirse más o menos igual que un chiapaneco, aunque por cuestiones naturales tiene mucho más que ver con el texano, y el chiapaneco con el de Guatemala. Lo más real que tienen en común es el hecho de estar sometidos por el mismo gobierno y las historias que se cuentan de sí mismos en torno a los mitos inventados para encerrarlos en la jaula de la identidad.

Así pues, todos los pueblos y los países tienen mitos para poder ser pueblos y países. Los mitos generan identidad. La identidad se construye, no brota espontáneamente. La identidad toma pautas culturales y las impone en todo un pueblo, el cual nunca será beneficiado por esa identidad como serán beneficiados los que lo gobiernan.

En la Edad Media europea, cuando la máxima autoridad era la Iglesia católica, la identidad giraba en torno a Dios y la religión. Y como toda identidad necesita un Otro, ese otro era el musulmán, que, casualmente, era la gran amenaza del poder papal. A partir del siglo XVI, con la consolidación de la monarquía absoluta y de la Reforma protestante, se fue perdiendo muy lentamente la identidad religiosa, se empoderaron los reyes y por casualidad la identidad comenzó a establecerse según de quién eras súbdito, quién era tu Señor. El Otro, por supuesto, ya no era el Islam, sino el súbdito del reino de a lado.

Con la Revolución francesa comenzó el empoderamiento de la burguesía y la decadencia de los monarcas. Se generaron los conceptos de *nación* y *nacionalismo*, y la identidad se estableció con base en la lengua que se hablaba y, derivado de ésta, una supuesta raza... Se tomó un hecho sociohistórico y cultural, como la lengua, y se derivó de ahí un hecho biológico: la raza. Los burgueses querían liberar a los súbditos de los monarcas, lo cual básicamente significaba cambiarles el nombre por ciudadanos y mantenerlos sometidos de forma distinta y con otro discurso.

En el siglo XIX el discurso comunista-marxista intentaba establecer una identidad basada en la clase social. La nacionalidad, decían, era un discurso manipulador de la burguesía para someter al proletario, como de hecho es; de ahí la premisa: "Proletarios del mundo, uníos", la nueva forma de generar identidad y seguir sometiendo al proletario. El Otro era el de la otra clase social: el burgués. Pero siempre había que odiar y matar a alguien por haber cometido el pecado de ser "distinto".

No hay ideología liberadora, pues en toda ideología hay un sometido. Para eso existen las ideologías. Paradójicamente, el que señaló eso fue Karl Marx, a cuyo alrededor nacieron ideologías sometedoras. Otro hombre que habló en contra de las ideologías fue Jesús, y con base en sus enseñanzas se construyó la ideología que sometió a toda Europa durante más de mil años y que aún somete a América Latina. Con un discurso totalmente diferente en torno a Jesús se fabricó la ideología fundamental de Estados Unidos: el Destino Manifiesto.

Así pues, en el siglo XIX la identidad se fundaba en la lengua. De ahí la discriminatoria idea de la raza; desde luego sin quitarle su componente religioso, además de ciertas características y enemigos comunes que era indispensable tener. Para ser ruso, por ejemplo, además de ser eslavo y hablar ruso, había que ser parte de la Iglesia ortodoxa y ser un tanto melancólico, mientras que para ser polaco, además de ser y hablar polaco, era menester ser católico y repudiar al ruso. Por su parte, todo sueco respetable debía ser vikingo y protestante, y todo buen británico debía estar adscrito a la Iglesia anglicana, fastidiar al mundo con la idea de que lo civilizaba y tomar el té a las cinco de la tarde.

Caso difícil el de España, sin el cual no se puede entender a México. En la Península Ibérica se hablaban y se hablan muchas lenguas. Su primera monarquía unificada, de 1516 a 1700, era de origen austriaco, los Habsburgo, y, a partir de 1700 y contando, de origen francés, los Borbón. Lo que cohesionó a esos pueblos fue su recalcitrante catolicismo, reafirmado tras siglos de guerra santa contra el Islam. Y como esa guerra poco a poco fue siendo liderada por el reino de Castilla, esa fue la lengua que se impuso en gran parte de la península.

Hasta la fecha tienen que decirle castellano a ese idioma que nos heredaron y que nosotros llamamos español, porque si le dicen de este modo arde Troya. Y los españoles, así como los mexicanos, necesitan la mínima provocación para convertir su país en un campo de batalla... Seguramente de ahí sacamos nuestro espíritu hostil. Pues no es cierto que los pueblos indígenas mesoamericanos hayan sido ejemplo de diálogo, paz y concordia, aunque eso nos digan nuestros mitos de hoy.

El asunto es que, en el siglo XVI, el individuo español, por encima de cualquier otra cosa, se definía como católico, y uno muy fanático que debía defender y expandir la fe, pretexto ideológico con el que se lanzaron a la conquista del mundo. Eso, por cierto, lo criticaban mucho los ingleses, quienes en el siglo siguiente se lanzaron a la misma empresa con el mismo pretexto un poco adaptado.

Pasemos al naciente México independiente del siglo XIX, donde fueron los criollos, españoles al fin y al cabo, los descendientes de los conquistadores, por más que se nos oculte, los que propiciaron la independencia y el nacimiento del país. Era importante generar un sentimiento antihispano, con el detalle de que todos hablaban español, se veían como españoles y eran fanáticos católicos conservadores, como todo buen español. Los mexicanos estamos confundidos desde entonces, y también somos fanáticos y conservadores desde entonces, por más liberales que nos sintamos.

Los estadounidenses la tenían más o menos igual de difícil, aunque la población de las otrora 13 colonias británicas era mucho más heterogénea de lo que solemos pensar: había ingleses, escoceses, irlandeses, franceses, holandeses, suecos y alemanes; unos católicos, otros luteranos, otros más calvinistas, y tantas otras versiones de aquellos tres —que decían lo mismo de diferente forma—, así como algunas comunidades de judíos. Ahí pasó lo mismo que aquí: los hijos de los colonizadores fueron los que hicieron la independencia, es decir, que fueron ingleses contra ingleses.

Pero el padre ideológico de aquella patria solucionó el problema con una idea mucho más creativa que el nacionalismo, ya que era imposible identificar por raza y por lengua a una población de muchas supuestas razas y muchas lenguas. Thomas Jefferson fue el creador del sueño americano como mito de identidad: la idea de que al estadounidense no lo unían raza, la lengua o la religión, sino ideales comunes, sus sueños y sus aspiraciones, principalmente la libertad y la búsqueda de la felicidad.

Es decir que su discurso para unirse en contra de los ingleses no fue un discurso antibritánico sino a favor de las libertades que los ingleses les impedían tener, como la libertad de comercio, que por cierto era mayoritariamente con Inglaterra. De ahí que no era muy conveniente mostrarse muy en su contra. En fin, era un discurso de libertades, de ideales y de sueños comunes, más allá de orígenes, razas, lenguas o religiones. Ese discurso libertario es con el que someten y son sometidos.

Como todo discurso de identidad, es un mito: mezcla de verdad, leyendas y necesidades políticas. La leyenda es evidente: el sueño americano es la pesadilla del resto del planeta y cada vez es más difícil soñarlo. La necesidad política era obvia: controlar a una masa muy heterogénea que no tenía ningún vínculo común. Y la parte real es que, en aquel tiempo, la recién nacida Norteamérica era, en efecto, la esperanza de los desheredados de Europa.

Un mito que resultó y sigue resultando muy funcional para ellos, como evidencia la realidad, la cual atestigua lo poco funcional de nuestros mitos. Es decir, las historias que se cuentan de sí mismos resultaron mucho más eficaces para construir un país, que las historias que nos contamos de nosotros mismos. La realidad no tiene que gustarnos, pero es muy inteligente asumirla. Sólo así podremos cambiarla.

La idea de forjar mitos es que estos generen lazos de pertenencia y de unidad, que sean aspiracionales y que catapulten a un pueblo hacia el futuro y el progreso. Estados Unidos tiene una historia llena de este tipo de mitos, mientras que México está construido sobre mitos de conquista, de derrota y de fracaso. Sucede tanto entre los individuos como entre las naciones: nos contamos versiones de nosotros mismos y hacemos todo lo posible para que la realidad se adapte a esas historias. Se llaman *profecías autorrealizadas*, como aquélla, escrita por el dedo de Dios, de que cada cien años los mexicanos debemos destruir lo construido y destrozarnos en una guerra fratricida.

Los sentimientos de identidad y demás complejos dependen, mucho más que de la realidad, de un discurso histórico fabricado en un pueblo determinado, de la versión de la historia que un pueblo aprende de sí mismo, de sus mitos.

En Estados Unidos la historia que se cuentan de sí mismos se brinca muchos episodios, aunque le dan a Cristóbal Colón el lugar que aquí no le damos, y se concentran en los peregrinos del barco *Mayflower*, en 1620, como el origen ideológico y racial de los Estados Unidos, lo cual no es del todo certero. No obstante, es la realidad histórica construida en el país, sus propios mitos fundacionales.

Ellos se sentían un nuevo pueblo elegido por Dios. Y eso es lo que, más o menos, anida hoy en día en lo profundo del inconsciente gringo. Quizás el discurso mexicano de conquista no haya sido buena idea.

¿Hermanos de los gringos?

El nuevo mundo era una novedad para los europeos. Para los amerindios era bastante viejo y conocido, y de hecho era el único. Desagradable sorpresa se llevaron al enterarse de que había otro mundo que los estaba descubriendo. Los europeos, pues, descubrieron América para Europa, una América que a su propio modo ya estaba civilizada; pero los blancos de allende el mar decidieron civilizarla a su manera. El resultado somos nosotros.

Corría el siglo XV y Europa seguía casi tan pobre como había sido los últimos mil años, un rinconcito de Eurasia bastante medieval con gente muy religiosa y al mismo tiempo muy bélica. Ese rinconcito del mundo por el que nadie hubiera apostado a futuro, menos aún si se comparaba con las grandes potencias y civilizaciones de entonces, apenas se recuperaba de la peste negra y de la muerte de la tercera parte de su población. Las mejores capitales eran aldeas donde los reyes comían con las manos y sin servilletas, y el resto de los súbditos podía sentirse bendecido si lograba comer, lo que fuera y como fuera.

La apuesta estaba en el Oriente: los chinos habían construido la fastuosa ciudad prohibida para el emperador del cielo; los árabes ya tenían la arquitectura más desarrollada de aquellos tiempos, en gran medida por haber desarrollado las matemáticas, el álgebra y la aritmética, gracias a los números que tomaron de los persas, que a su vez tomaron de los indos; los turcos asediaban Constantinopla, último gran baluarte de la cultura griega cristianizada; las ciudades del Indostán destilaban riqueza, y los chinos habían navegado todo el océano Índico, con sesenta barcos, cada uno de ellos más grande que los tres de Cristóbal Colón juntos; de hecho, sin enterarse de lo que habían logrado, ya habían llegado a América.

¿Y qué pasó entonces? Es evidente que descubrir, conquistar y colonizar América cambió por completo el destino de Europa, y con ello el de la propia América y el de todo el mundo, que a partir de ese momento pudo observar cinco siglos de dominio europeo sobre el planeta.

La riqueza de recursos de América catapultó a Europa; pero quedarnos con esa versión sería simplista, ya que finalmente faltaría explicar por qué los europeos fueron, por encima de todas las demás civilizaciones, los que tuvieron la capacidad de atravesar un océano, disponer rutas entre dos continentes y establecer poblaciones de manera constante y permanente del otro lado del mar.

Ayudaron dos cosas: la conjunción de conocimientos y tecnología que tomaron de Oriente y de una cuenca mediterránea donde confluían todas las culturas, y la necesidad, ante todo, que suele ser el mejor combustible. De quedarse en Europa, los europeos estaban destinados a perecer o, eventualmente, ser conquistados por ese poderoso Oriente.

En la segunda mitad del siglo XV misteriosamente los chinos habían dejado de viajar por el mundo, justo cuando los mejores navegantes de aquella Europa, los portugueses, comenzaron a hacerlo. Hay teorías de que los chinos llegaron hasta Portugal, pero sólo son hipótesis. Lo que es un hecho es que los portugueses sí llegaron a China. El comercio derivado de esa intervención comenzó a enriquecer al rey de Portugal. Fue entonces que otros monarcas se interesaron en esos arriesgados viajes. Por eso Colón obtuvo el patrocinio de la reina Isabel de Castilla.

Como al México de hoy, a la Europa la atrasaban mucho sus ideas, ideas que habían sido impuestas por el gran poder de entonces, ya que es desde el poder de donde se imponen las ideas masivas; ideas que tienen un objetivo muy importante para los poderosos: mantener y justificar dicho poder.

¿Qué tipo de ideas había en ese lugar y en ese tiempo?

Comencemos por el paquete ideológico básico para sostener todas las demás: sólo hay un Dios y sólo hay una forma de venerarlo: yo soy el que dicta sus leyes y el que no las siga se va a ir al infierno; yo tengo el poder de enviarte a ese infierno, o al cielo, según cumplas mis caprichos... Y, claro, todo porque yo represento a Dios en la Tierra, y hazle como quieras. Establecido lo anterior, el poder está asegurado y todo lo demás es secundario.

Más ideas: está prohibido hacer que el dinero genere más dinero; es decir que no puedes dedicarte a los negocios y obtener beneficios egoístamente para tu avariciosa persona, eso es un pecado horrible y por eso tiene un nombre más horrible aún: usura. Si lo cometes, te vas al infierno.

La riqueza la determina la posesión de las tierras y se acabó... Y, claro, las tierras son del papa, de la Iglesia y de la nobleza; los demás están condenados a ser pobres, lo cual no debe importarles, porque mientras se resignen a su miseria tendrán asegurado el cielo. Así es, eso de convertir la pobreza en virtud no fue idea de los mexicanos, sino que es uno de tantos patrones y condicionamientos que seguimos arrastrando, en este caso, desde la Edad Media.

Por supuesto que eso de prestar dinero y pedir intereses está prohibidísimo: es lucrar con el sufrimiento y la necesidad del prójimo... Y la única que le puede sacar provecho al dolor ajeno es la Iglesia, su líder, que es representante de Dios, y la jerarquía de curas que representa a dicho agente divino.

Además a Dios, si bien es bondadoso y justiciero, le gusta que sufras, pues es parte del terrible castigo por el pecado nada original de Adán y Eva que sigues pagando, aunque ellos no existieron y ni los conoces en realidad. Éste es un valle de lágrimas: mira cómo sufrió Jesús por ti; así que sufre y no cuestiones, que eso de cuestionar también te hace merecedor del infierno. No escrutes los inescrutables designios de Dios... Eso de no cuestionar tristemente es otro patrón, no de los mexicanos sino de casi toda la humanidad.

La Iglesia, pues, prohibió las actividades bancarias y lucrativas, entre otras cosas porque era ella la que funcionaba como institución bancaria. Es decir que los monopolios tampoco son algo nuevo y es mucho más fácil eliminar a la competencia cuando tienes las llaves del infierno y los pasaportes al paraíso, y, claro, cuando la gente a la que le prohíbes pensar no piensa y se lo cree todo. Por lo anterior, dedicarse al comercio y obtener beneficios tampoco era bien visto. ¿Cómo hubiera podido enriquecerse Europa?

Pero al poder del papa le fue surgiendo competencia en la persona de los monarcas. Entonces éstos inventaron sus propias ideas, colgándose de las ya existentes, pues la mente humana es buena para reformar ideas, pero difícilmente para producir nuevas. La nueva idea básica fue: yo, el rey, también represento a Dios; de hecho, fue Él quien me designó. Así que tú, mi súbdito, ya no tienes que obedecer al papa sino a mí, y si no lo haces, antes de que el papa te mande al infierno yo te daré una probadita del averno por adelantado encerrándote en una mazmorra.

Pero aun así, siempre han existido personas a las que les gusta pensar. Y alguna de ellas habrá pensado: si el rey puede desobedecer al papa quizás yo pueda desobedecer al rey. Y para evitar dicha tentación, en el caso muy específico de España, se inventaron la muy poco Santa Inquisición, para someter al pueblo bajo el yugo de los reyes pero con Dios como pretexto. Todo Dios, siempre Dios… Pobre Dios.

Al que se atreve a pensar y a disentir le decimos hereje, y lo mandamos al infierno en la otra vida, pero con escala en la hoguera. El papa fue perdiendo poder en manos de los monarcas, pero el resto de la población siguió igual de sometida, como en todos los cambios políticos que ha inventado la humanidad.

Una idea más, derivada del fanatismo ignorante más que de la necesidad de control: la Tierra es plana y si la exploras hacia sus límites caerás por un abismo horrible donde hay todo tipo de monstruos y dragones. Claro que los navegantes de esas épocas sabían que la Tierra era redonda, porque todo profesionista conoce los detalles de su oficio, pero si lo aceptaban se iban a la hoguera por herejes.

Y más o menos en ese contexto llegó Cristóbal Colón con doña Isabel de Castilla, con la certeza —no la duda— de que el planeta era redondo, y lo que le propuso no era una aventura sino un negocio; porque el dinero, mucho más que el hambre de conocimiento, es lo que en general ha movido a la humanidad. El negocio era simple: llegar a las Indias (China y el Indostán) y a las Islas de las Especias (Indonesia), a donde ya estaban arribando los portugueses por la ruta africana que controlaban, pero por el otro lado, dando la vuelta. De ese modo se toparon con América.

"Descubierta" América, surgió un motivo de pleito entre las únicas dos potencias de entonces que tenían la capacidad de navegar por el mundo: Portugal y España. Y como en ambos reinos los respectivos reyes seguían creyendo, cuando les convenía, aquello de que el papa representaba a Dios, se decidió que el árbitro en esa disputa sería el papa, que era como la ONU de entonces: representante de los poderosos.

En aquel tiempo, por cierto, el trabajo de ser embajador de Dios recaía en un español, aragonés para ser más exactos: Rodrigo de Borja, quien representaba al Creador con el alias de Alejandro VI. Fue él quien salomónicamente dividió el mundo en dos. Trazó una línea en el océano Atlántico, denominada Alejandrina en honor de su ego, y decidió que hacia el occidente de esa línea todo lo que se había descubierto era de España, y hacia el oriente, todo de Portugal.

Esa es la causa de que casi todo el sur de América sea hispano, y de que la parte más oriental conocida como Brasil sea de origen portugués. Así que aquí tenemos el origen de un México mestizo que habla y piensa en español, aunque piensa en español también muchos conceptos que hereda de su otra mitad, la amerindia... Y ése también es el origen de Estados Unidos. Nos hermana la raíz europea que negamos en lengua europea.

Cristóbal Colón llegó a ése que era un nuevo mundo para ellos en 1492. La división que hizo el papa ocurrió en 1493, aunque la corrigió un poco a favor de Portugal en 1494. Hablando nuevamente de ideas sometedoras, también se estableció que cualquiera que viajara a América, u ordenara o patrocinara dichos viajes sin la autorización de España, quedaría excomulgado en el acto, es decir, sería expulsado de la Iglesia, lo cual significaba —para todo aquel que se creyera el cuento medieval del infierno— irse al infierno.

Pero, claro, los reyes no creían en el infierno, básicamente porque no eran tontos y sabían que los discursos de sometimiento eran para que se los creyeran los sometidos mas no los sometedores. Eso aplica desde el derecho divino de los reyes hasta el comunismo y la democracia; algo que saben muy bien los comunistas y los demócratas de hoy, que no son ni comunistas ni mucho menos democráticos. Algo así como la pobreza de la que hablan los cardenales.

Fue así como otras monarquías decidieron que también querían su rebanada del pastel americano, y entonces, en 1497 para ser exactos, aparece el rey de Inglaterra, Enrique VII, quien encargó a un genovés de nombre Johannes Cabot una expedición hacia el norte de América.

Otro condicionamiento que arrastra la humanidad, o por lo menos sus líderes, desde siempre, es que los poderosos de cada momento se reparten el mundo de cada momento. Los poderosos del siglo XV eran el papa, Portugal y España, que se lo dividieron en dos; del mismo modo que en el siglo XX lo hicieron Estados Unidos y la Unión Soviética: a la mala, por la fuerza y dejando claro que no cabía nadie más en el reparto.

Pero también desde entonces hasta hoy están los países emergentes, los que comienzan a ser poderosos y por lo tanto se convierten en el enemigo mortal del que ya lo es. Llámese Alemania, China, la nación de Vladimir Putin o, como pasó en el siglo XVI: Inglaterra. La colonización de América era importante para esas potencias emergentes (después de Inglaterra surgieron Francia, Suecia y Holanda) por cuestiones económicas y, por añadidura, políticas.

El poder depende de la riqueza, y la riqueza, por diversos patrones y condicionamientos heredados que aún no comprendemos del todo, no depende de los recursos sino de las ideas.

La idea económica dominante de aquella época se llamaba mercantilismo, la cual básicamente establecía que la riqueza dependía de la posesión y el dominio de los recursos naturales. Así pues, se pensaba que la riqueza del planeta era finita, limitada. Las personas y, por ende, los reinos sólo podían enriquecerse y prosperar a costa de otras personas y de otros reinos. No sólo había que poseer recursos, sino evitar que el otro los poseyera. Y claro, como Europa tenía escasez de recursos, también era evidente que éstos debían ser obtenidos, robados para decirlo claro, de otras partes del mundo. Y esa otra parte era América.

Bajo este concepto, un país que aspirara al desarrollo y al progreso —y ése era el caso de Inglaterra a principios del siglo XVI—, necesitaba tener colonias para obtener de ellas materias primas y nuevos recursos naturales. El problema era que el mismísimo papa, representante de Dios en la Tierra, había autorizado que toda América fuera propiedad exclusiva de Portugal y de España.

Pero eso de que el papa representa a Dios sólo era una idea, y por lo tanto podía ser combatida con la idea contraria, la "gran idea" del rey inglés Enrique VIII en 1534: el papa no representa a Dios... *yo* represento a Dios, por lo menos en Inglaterra, así que puedo violar las disposiciones del papa.

La idea no fue muy original, pero sí representó una revolución. Los libros de historia de la preparatoria y las series de televisión afirman que la ruptura de Enrique VIII con el papado fue porque se quería divorciar de su esposa, por causa de las ganas que le tenía a la tal Ana Bolena... Esta es una de esas versiones absurdas que la gente acepta por costumbre y nula reflexión, o incluso por romanticismo.

Así fue como en el siglo XVI comenzó una guerra no declarada entre el imperio hispano y la monarquía inglesa, una batalla que se extendió durante tres siglos y a la que por momentos se sumaron Francia, Suecia y Holanda; pero siempre con España e Inglaterra como principales protagonistas antagónicos. Para los españoles, los ingleses siempre estuvieron violando un precepto papal, es decir, que su dominio de Norteamérica era más bien pirata. Y de hecho fueron los piratas ingleses uno de los elementos más importantes de esta guerra.

España se quedó con la zona de América que tenía más recursos, sobre todo oro y plata. Por eso mismo se aferró trescientos años a la idea mercantilista de que la riqueza dependía de los recursos. Además, desde luego, con ese componente tan abusivo, *gandalla* para decirlo en mexicano, que tiene esa idea: que sólo se puede prosperar a costa de otros.

Los ingleses, en contraparte, y con un territorio americano menos fértil y más frío, y sin metales preciosos, por necesidad tuvieron que generar una idea nueva: la riqueza no está en los recursos, sino en transformarlos en bienes de consumo. Así es como los hijos de los conquistadores —que nos guste o no somos los mexicanos— se aferran a los recursos, mientras que los hijos de los piratas —los gringos, que traen la sangre pirata en sus condicionamientos hasta el día de hoy— se aferraron a la idea de la transformación, es decir, de la industrialización.

Hubo una idea común que no abandonaron españoles ni ingleses durante el tiempo que existieron sus imperios: para lograr su objetivo era válido despojar a los demás.

MIENTRAS TANTO
EN EL CIELO…

Entre chingones, gandallas y piratas

Jamás vamos a superar nuestros condicionamientos y patrones de conducta mientras no los comprendamos y observemos conscientemente. Y eso no va a ocurrir nunca mientras no aceptemos la mitad de nuestro origen, de donde proviene gran parte de esos patrones: los españoles, la mitad de nuestro ser. Esa negación, enseñada en nuestra historia de generación en generación desde la Revolución, nos impide superarnos. Por eso vamos a partir de la base de que aceptamos, en español, nuestro origen hispano.

Chingar o que te chinguen. Tristemente, derivado de dichos condicionamientos hispano-medievales, ésas son para muchos mexicanos las únicas dos opciones en la vida. Y como a nadie le gusta que se lo chinguen, y mucho menos cuando le han metido hasta el tuétano el complejo del conquistado, el mexicano asume entonces la actitud que lleva 500 años criticando y lamentando como pueblo: chinga, por adelantado, para prevenir; aunque luego critique las guerras preventivas de George Bush, que son básicamente lo mismo pero a nivel masivo.

La única razón por la que México no chinga a los demás, como los gringos, es por su incapacidad, y no por su bondad intrínseca o por su juarismo recalcitrante. Tanto complejo de conquistado, enseñado de generación en generación, sólo puede generar resentimiento. Por eso cuando la vida nos pone delante la oportunidad de chingar a alguien, lo hacemos sin pensar. Eso nos convierte en chingones, en conquistadores, la aspiración oculta de todo aquel que ha aprendido que es conquistado. Así funciona la mente y sus procesos, por contradicción, y la mente colectiva no es la excepción.

En México se aprende como un valor religioso aquello de que "al que agandalla, Dios los acompaña". Lo peor es que los refranes son conocidos como sabiduría popular, y lo anterior, por popular que sea, no tiene nada de sabio. El agandalle, en lo más profundo de su esencia, incluye esa idea mercantilista medieval de fastidiar al otro. De hecho, la felicidad producida por el agandalle no reside tanto en el hecho de obtener algo, sino en haberse chingado a alguien más para lograrlo. Eso nos convierte en unos chingones. Y para el mexicano que se ha dejado inculcar el complejo de conquistado, ser chingón, conquistador, es un imperativo.

Por eso le decimos chingón al que es muy bueno en algo o, más bien, al que siempre obtiene lo que quiere aunque para eso, como Cortés, deba chingarse a otros. Cuando eso ocurre, el personaje en cuestión, aunque diga despreciar la conquista y al conquistador, nos mira con desprecio y dice arrogantemente: *yo* soy tu padre, es decir, el que nos conquista, el que nos chinga. Por envidia e impotencia odiamos a Hernán Cortés... lo mismo que a los gringos. Nuevamente, la realidad no tiene que gustarnos, pero asumirla es la única forma de cambiarla.

El agandalle mexicano, que no es más que un síntoma del individualismo que nos carcome como sociedad, es evidente en la vida cotidiana y no respeta posición social ni género; aunque es más masculino, ya que afortunadamente las mujeres no tienen que andar día a día defendiendo su hombría y su virilidad. Por eso es terrible que muchas feministas no busquen igualdad sino revancha, lo cual convierte a su movimiento emancipador en un machismo sin penes, pues asumen las actitudes que tanto critican de los hombres y tratan de igualarlos en sus peores defectos. México y el mundo no necesitan más testosterona en el ambiente.

El agandalle está en todas nuestras calles, plazas, casas, instituciones, y hasta en los aeropuertos. Un ejemplo interesante este último, pues en México muchos asumen, como consecuencia del clasismo racista, que la gente de dinero es educada y a fin de cuentas en los aeropuertos están los que pueden pagar un vuelo, gente con cierta escolaridad, que sabe leer y que, por tanto, tiene algo de educación. Pero ahí se ve que el agandalle se filtró en nuestro genoma cultural, y que no existe por falta de educación sino por inconsciencia. Va de nuevo: por repetir patrones.

La escena, con honrosas excepciones, siempre es la misma: hay un tumulto de personas en espera de abordar su avión; en cuanto sale una persona a decir que no se levanten, pues serán llamados por filas, todos se ponen de pie y convierten la sala de abordaje en algo muy parecido a la entrada de un antro, y al pobre responsable del abordaje, en un simple cadenero, que trata de decir quién sí y quién no... no porque estén bonitos y feos, como en los antros en los que se discrimina junto al letrero que presume no discriminación, sino para respetar el orden de abordaje.

Ahí están, abigarrados frente al puente de embarque, desesperados por subir, como si no fuesen a llegar al mismo avión, al mismo asiento ya numerado, y finalmente esperar el mismo tiempo para que el avión despegue. Nada de eso importa, cuando el agandalle llama, el mexicano responde. Agandallar es como chingar, y lograrlo nos convierte, por lo tanto, en unos malditos gandallas... O en unos grandes chingones, según la posición desde donde se vea.

Toca suelo el avión, y una voz advierte que nadie se ponga de pie, mientras los engranajes del tumulto no pensante ya se volvieron locos por ser los primeros en levantarse, apretujados unos contra otros en el pasillo, aunque la puerta siga sin abrirse. Cuando sucede esto último, salen corriendo como delincuentes descubiertos que quieren tener el privilegio de ser los primeros en llegar a la banda de equipaje a la que aún no han llegado las maletas.

Apliquémoslo a las filas de todo el país: tanto de gente como de autos. El valor supremo es agandallar; eso que tanto lamentamos que vinieron a hacer los españoles: ahí está la raíz que negamos. El automovilista en el atasco vial prefiere avanzar un metro y bloquear toda una calle, antes que permitir que alguien ose pasar por delante de él. Los niños se agandallan en la escuela, porque eso aprenden en casa y en la sociedad; los adultos se agandallan en los trabajos; los prójimos se agandallan a las prójimas, y viceversa, y, como parte de otra tradición, los políticos nos agandallan a todos.

El agandalle no es más que una muestra de lo que el gandalla piensa de los demás: no son personas sino los objetos animados de los que puede valerse para lograr sus egoístas intereses. Los demás son cosas, no personas. Los demás no importan. Los demás no existen.

Claro que el gandallismo, esencia platónica del gandalla, no es facultad exclusiva del mexicano, sino un fenómeno más bien humano, demasiado humano. Finalmente arrastramos patrones de toda la humanidad. Así, los británicos se agandallaron las Malvinas y Gibraltar, los gringos se inauguraron a nivel internacional en esta tradición precisamente con el agandalle de México en 1848, y continuaron con el agandalle de Medio Oriente en el siglo XXI. En su momento, toda Europa se agandalló África, los africanos del centro del continente se agandallan entre sí, mientras China se los agandalla a todos. Y en México, siguiendo los preceptos bíblicos, nos conformamos con el agandallaos los unos a los otros, como mi Iglesia se los agandalla a todos.

La gandallez, facultad ontológica del gandalla, es fuerte entre mexicanos, quizás por la imposibilidad que tenemos de agandallarnos a alguien más. Hay que decirlo, por nuestra situación económica y política, somos más bien agandallables que agandalladores. Nos gusta presumir que es por nuestra intrínseca bondad, pero lo cierto es que somos tan humanos como todos, y nuestra actitud de respeto al derecho ajeno no ha sido tanto por juaristas sino por incapacidad. Con nuestro potencial para ser gandallas es bueno que no seamos potencia mundial, lo que no somos entre otras cosas por ser tan gandallas entre nosotros.

Y vaya que hay pueblos gandallas en nuestras históricas raíces, no sólo España. Por más que el mito del indígena mágico nos diga que en Mesoamérica todo era una utopía cósmica, lo cierto es que el gandallismo fue un elemento vital en el desarrollo de las culturas amerindias. Los aztecas fueron grandes gandallas, porque sólo así puede catalogarse el sacrificio humano y el canibalismo ritual. Y es muy interesante que el que critica el imperialismo yanqui no critique el actual imperialismo bolivariano o el imperialismo mexica del pasado.

En nuestra otra raíz, no hay que olvidar que Hernán Cortés, primer chingón de México por chingarse a la que Octavio Paz define como la chingada original, Malitzin, llegó a Veracruz después de haberse agandallado a Diego Velázquez, que a su vez se había agandallado a Diego de Colón, hijo del almirante, quien a su vez se había agandallado a los Reyes Católicos, quienes se agandallaron a judíos y musulmanes... que se siguen agandallando entre sí.

Hemos construido una sociedad de gandallas donde todos gustan de pregonar aquello de que somos iguales ante la ley, pero en la práctica buscan el recoveco legal, el conecte, el padrino, el pariente, el amigo, la palanca que los haga ser un poquito menos iguales que los otros.

Nuestra gloriosa independencia fue un agandalle entre hermanos hasta que Iturbide se agandalló al mismísimo Fernando VII, aunque después fue agandallado por Vicente Guerrero, quien posteriormente recibió idéntico trato por parte de Anastasio Bustamante, quien obtenía la misma receta de parte de Santa Anna cada vez que la ocasión le permitía al "Quince Uñas" ejercer su actividad favorita.

Como sabemos, desde tiempos de Morelos, el recién nacido Estados Unidos ya estudiaba las diversas posibilidades de agandallarnos, cosa que lograron en 1848. Francia ya lo había intentado de manera más o menos fallida diez años antes, y lo intentó con un triunfo efímero en los tiempos de ese gran gandalla que fue Napoleón III, quien se agandalló la República de todos los franceses para convertirla en su imperio. Tiempo después a él se lo agandalló Otto von Bismarck para unificar Alemania... con lo cual comienza otra historia de agandalle que de momento no será relatada.

En tiempos de Guadalupe Victoria nos agandallamos a Guatemala al quedarnos con Chiapas, territorio que aquel país reclamó todo el siglo XIX, hasta que finalmente el agandalle fue consumado legalmente, es decir, legitimado, en tiempos de ese gran gandalla que fue don Porfirio.

Hagámoslo serio, un poquito aunque sea: Erich Fromm hablaba de la obsesión de dominio, término más científico para el agandalle, y de que la humanidad, sujeta a esa obsesión, se puede encaminar al final, mientras que si logramos renunciar a esa testarudez del dominio, el futuro puede ser más alentador para toda la especie humana y, desde luego, para la parte que habita este rincón tan chingón al que llamamos México.

El agandalle se comienza a aprender en casa; lo vemos en nuestros padres, agandallándose a otros y entre ellos; lo reafirmamos en la escuela, desde el preescolar hasta el doctorado, y se reitera en la vida cotidiana: en los trámites, en las filas, en el tráfico, en el Congreso. Lo peor es que muchos gandallas no llevan a cabo su acción de forma premeditada, sino por simple reacción. Una vez más: chingar o que te chinguen como aprendizaje repetido de generación en generación.

Todo lo anterior, llevado a nivel nacional, hace que vivir en México sea una chinga, que el mexicano se desahogue siendo un chingaquedito, que es como chingar a pequeña escala pero todo el tiempo, tipo operación hormiga, y que el anhelo oculto del promedio de la población sea ser un gran chingón. Toda esta mentalidad es lo que hace que al país se lo lleve la chingada.

Pero la verdad es que pasar por encima de otro ser humano, tan endeble, falible, mortal y humano como nosotros mismos, no nos hace mejores en lo absoluto. No ayuda al individuo ni a la sociedad. La forma de superarse a uno mismo no reside en vencer adversarios sino adversidades. El camino del grande, tanto entre individuos como entre naciones, emulando a ese gran gandalla que fue el Benemérito, es ser chingón sin chingar. Algo que tanto gringos como mexicanos, y desde luego el resto de la humanidad, cada quien en su nivel, desde su propia cultura y con sus propios términos, debe aprender.

Dios estaba con el ojo cuadrado, cosa fácil cuando se es omnipotente, y no cabía en Sí Mismo de asombro, y eso que es eterno, infinito e inconmensurable. De ese tamaño era su estupor.

—¡Pero, por Dios, es decir, por Mí Mismo! Juanito, ¿dónde aprendiste ese vocabulario tan florido?

—Dónde va a ser, Dios, pues en México, ahí donde me mandaste. Resulta que así se aprende a hablar por allá.

—Bueno, sí, eso lo sé; pero no pensé que lo aprendieras tan rápido y lo manejaras con ese descaro.

—Así somos los mexicanos, Señor, un tanto descarados, y, como acabo de relatar, gandallas, muy gandallas.

—¿Todos los mexicanos son descarados y gandallas, Juanito?

—Bueno —dudó Juanito—, supongo que no, pero así dicen que somos todos. Así es que yo sólo lo repito.

—Con lo cual, ¿qué es lo que estás haciendo?

Y en ese momento Juanito cobró conciencia... Inconscientemente estaba repitiendo un patrón aprendido, replicando estereotipos, generalizando a todo un pueblo de acuerdo con los relatos que ese pueblo se dice de sí mismo... Aunque, curiosamente, y esto es muy obvio en el caso mexicano, a muchos les molesta que venga alguien de afuera y avale ese estereotipo. Una cosa es que ellos digan eso de sí mismos, ¿pero cómo se atreve un extranjero a compartir esa misma idea?

—Vaya, Señor, ¿quién lo diría? Estoy repitiendo estereotipos y patrones... Por costumbre, sin pensarlo.

—Veo que estás aprendiendo algo a pesar de todo.

—Pero cómo puedes decir que estoy aprendiendo si ya estoy cometiendo los mismos errores.

—Porque observaste y lo notaste. Ése es el principal aprendizaje. Créeme, la mayoría de los seres humanos gasta toda una vida sin aprender nada significativo. Retacan sus mentes de información, tienen muchos datos, memorizan, repiten y replican el pasado, se llenan de teorías. Pero eso es lo que hace la mente de manera automática; es lo que está programado en su interior, es su trabajo. No hace falta ser conscientes para que la mente se la pase en su continuo parloteo... De hecho, mientras más tiempo la mente se encuentre en su cháchara interna, menos conscientes somos los humanos. Hay que aquietar la mente para ser conscientes, observarla, ver cómo funciona. Sólo entonces podemos dejar de repetir y repetir lo mismo.

—"¿Cháchara?", "¿parloteo?" Desde cuándo hablas así, Señor.

—Te hablo como mexicano para que me entiendas —dijo Dios al tiempo que se desternillaba de risa—. Bromeo, pequeño, sólo bromeo; recuerda que es lo que más le gusta hacer a Dios, para eso es la vida.

—Allá en la Tierra todos te tienen por muy solemne.

—Así es —respondió Dios con un suspiro de lamentación—. Todos los que no me conocen, que evidentemente son muchos, tienen ese concepto equivocado de Mí. Como si la vida fuera algo serio. ¿Y sabes por qué? Justo porque en vez de intentar conocerme a través de la experiencia, se dedican a elaborar complicadas teorías intelectuales de Mí con las cuales nunca lograrán conocerme.

Ahí, junto a Dios y Juanito, muy callado y pensativo, estaba Johncito, quien no había abierto la boca en todo ese tiempo y ahora se veía muy reflexivo.

—Y a ti ¿qué te pasa? —preguntó Dios, que había estado muy entretenido con el relato anterior.

Ciertamente no le gustaban los estereotipos y las generalizaciones, pero disfrutaba mucho la forma creativa, alegre y dicharachera de hablar de los mexicanos.

—Nada, Dios; sólo pensaba. Primero, en que yo definitivamente no tengo un relato tan divertido como el de Juanito porque… los gringos no somos así. Pero luego los escuché hablar y comencé a comprender que los mexicanos tampoco.

Eso que decían de los estereotipos yo también me lo creí. Y como ahora yo soy gringo, pues soy menos folclórico, menos colorido en mis relatos. Ya sabes, soy de pocas palabras. Pero justamente ahora entendí que eso no tiene por qué ser así y que ninguno está condenado a replicar una forma de ser sólo porque así te dicen que es su pueblo.

Dios simplemente sonrió. La lección estaba siendo aprendida. Las mentes en blanco de los querubines comenzaban a ser llenadas; por lo tanto, estaban limitadas. Esa gran pauta vacía en la que cualquier gran sinfonía podía ser creada, y además sonar distinto cada día, comenzaba a repetir un mismo y aburrido sonsonete sin creatividad alguna. La misma tonadita.

—No se desanimen. Lo bueno de ser niños es que tienen menos condicionamientos que los adultos. Sus mentes son más frágiles, más delicadas, pero también son mucho más libres. Ustedes están aprendiendo y eso es lo único que importa. Johncito, así como tú crees que eres, o como te han enseñado, cuéntanos lo que has aprendido.

—Muy poco aún. La verdad es que los ingleses resultaron ser tan gandallas como los españoles, pero justo el asunto medular es que no eran los poderosos de aquellos tiempos. Entiendo que el que domina el mundo en cada época es el que establece las reglas, evidentemente a su favor, como lo que hicieron el papa, Portugal y España. La verdad es que entiendo un poco a los ingleses. Era un abuso eso de que dos reinos, y un político que dice representar al pueblo, se repartieran el mundo sólo para ellos. Y claro, ya que españoles y portugueses tenían la supuesta facultad de explotar el continente americano en exclusiva, entiendo que su respuesta, su estrategia, fuera dedicarse a la piratería y robar a los españoles, en el mar, lo que ellos le robaban a América. Ya sabes lo que dicen: ladrón que roba a ladrón tiene cien años de perdón. Pero no aprendieron nada. En cuanto ellos fueron los poderosos comenzaron a hacer lo mismo… Y lo peor es que se les quedó la costumbre de ser piratas.

—¡Así que de ahí les viene lo piratas a los gringos! —interrumpió Juanito, sorprendido por su súbito descubrimiento.

Y Dios, que se atacaba de risa a la menor provocación, porque para eso es la existencia, se atacó de risa.

—Vaya, vaya —exclamó el Señor—, así que los gringos son piratas porque los ingleses, sus padres, eran piratas. Bueno, eso también me parece un poco estereotipado… Aunque en una de esas… No, Yo creo que a ustedes dos aún les falta mucho por aprender.

—Mucho —respondió Johncito—. La verdad es que los ingleses todavía no hacen nada significativo en esta historia. Yo aún no tengo mucho más qué decir. Quisiera ver más. Aún no sé cómo le hicieron para romper con el papa y cómo comenzó su dominio. Sólo entiendo que los mexicanos arrastran ideas españolas y supongo que, en su caso, los gringos arrastran ideas inglesas, pero me parece que no piensan muy distinto unos de otros. Y quisiera comprender cuándo comienza esa división ideológica que, evidentemente, los distingue.

—Sea —dijo el Señor—, ¡hágase la luz!

EL SEGUNDO PASEO POR LA HISTORIA

En el principio fue Lutero...

Los españoles comenzaron a migrar por la misma razón que lo hacen todos los migrantes: buscar mejores oportunidades, desarrollarse, vivir mejor. Exactamente por eso mismo, hace unos doscientos mil años, ese primate consciente que de pronto fuimos comenzó a moverse hasta dominar todo el planeta. No había fronteras ni naciones; todos éramos iguales y el mundo era una patria común.

Migrar es un acto de la naturaleza humana: andar caminos y crearlos con el andar. Más aún, migrar es un derecho natural, que existe mucho antes de que ocurriera la división del mundo y el trazo de las fronteras; el derecho más natural, más humano y más inalienable de todos, el que se ejerce para cumplir aquello que mucho después escribió Thomas Jefferson: la búsqueda de la felicidad. El derecho que aplastan todos los estados, comenzando por el que fundó Jefferson.

Los españoles comenzaron a migrar porque España era muy pobre y había mucha gente en su territorio. Derivado de uno de los condicionamientos más antiguos de la humanidad, surgió una de las ideas que más nos han sometido: creced y multiplicaos, para colmo, endosada a Dios. España era pobre por falta de recursos y, desde luego, por falta de ideas, como consecuencia de ese sometimiento ideológico que dominó la Edad Media.

Pero el nuevo mundo era de España por disposición papal, lo cual significaba que al otro lado del océano habría un paraíso esperando a los aventureros, una tierra llena de riquezas, principalmente de oro. El Dorado, comenzaron a llamarle. Resulta evidente que el español de entonces no sabía generar riqueza. Por eso aspiraba a tropezarse con ella.

De este modo los desheredados de la Península Ibérica comenzaron a cruzar el mar. Lamentablemente para ellos, se llevaron dentro de su escaso equipaje precisamente lo que generaba su miseria: sus ideas.

Veinte años pasaron desde el descubrimiento de aquel nuevo mundo, cuya existencia, según nos dicen, siempre fue ignorada por Colón, quien finalmente no descubrió el continente sino las Islas del Caribe, más exiguas en recursos que la propia España. Los españoles ya habían comenzado la colonización de esas islas, cuyos limitados recursos agotaron en sólo dos décadas de expolio. Y para sorpresa y decepción de los aventureros, habían atravesado el Atlántico y seguían siendo pobres. Seguían sin aprender a generar riqueza.

Pero las noticias eran alentadoras, pues al parecer ese puñado de islas no era todo lo que había, sino que existía tierra firme más hacia el oeste: un continente. Nadie sabe para quién trabaja, pues ese continente aún inexplorado ya se llamaba América, porque un cartógrafo de nombre Américo fue quien comunicó que aquello no eran las Indias sino otra cosa que se habían encontrado en el camino. Pero así es esto de la necedad y a ese lugar le siguieron llamando las Indias, y a sus habitantes, indios.

Ir más al oeste, a tierra firme, significaba la posibilidad de encontrar, ahora sí, muchas riquezas. Así era la mente española: la riqueza no la creas, te la encuentras, depende de la suerte; idea que sigue arrastrando la mente mexicana y se manifiesta en frases como: "¡Ya me vi!" A los españoles la suerte les dio plata y oro. Ahora, a los mexicanos la suerte les dio petróleo... Pero una vez que se agote el recurso no renovable existen muy pocas ideas sobre cómo generar riqueza. Muchas, eso sí, para distribuirla, aunque no sea generada.

Por todo lo anterior eran pocos los que se lanzaban a la aventura de conquistar América: significaba arriesgar la vida por casi nada. Portugal y España no explotaban la riqueza que les había sido obsequiada por el papa. Por su parte, los reinos emergentes, como Inglaterra, consideraban injusto quedarse fuera del reparto, más aún si quienes se habían repartido el mundo no eran capaces de sacarle provecho. Pero así eran las cosas: el reparto lo hizo el papa, lo cual significaba que era la voluntad de Dios.

Y entonces todo cambió. En 1517 el monje alemán Martin Lutero inauguró una discusión teológica que terminó con su excomunión. Dicha discusión comenzó por algo simple: en aquel tiempo, el papa, como todo soberano de cualquier reino, necesitaba y ambicionaba riqueza y poder. Y su reino, los Estados Papales, realmente poseían recursos muy escasos, mucho más que los que tenía casi toda Europa. Pero entonces el papa, no importa cuál, tuvo una idea.

Como la necesidad es la madre de la inventiva, la Iglesia se dio cuenta de que en realidad ellos poseían el bien más inestimable, el recurso que todos ambicionaban pero que no todos podían tener, y que por lo tanto era valioso: el perdón divino y la entrada al paraíso. Fue así que decidieron comenzar a vender pasaportes al cielo: se llamaron indulgencias.

Para poder vender indulgencias primero fue necesario vender otro paquete de ideas. Todos nacemos en pecado, condenados al infierno por el simpe hecho de nacer, por un berrinche divino ocurrido al principio de los tiempos: el pecado original, cuya concepción para entonces en verdad era rebuscada. Primero, Dios dice: creced y multiplicaos, lo cual presupone que incluye al sexo, y luego esa neurótica versión de Dios se enoja cuando el hombre tiene sexo. Esa era la idea del pecado original en aquel tiempo.

Así pues, el hombre nacía condenado, pero tenía toda una vida humana para tratar de salvarse, entre otras cosas confesando sus pecados a un cura tan pecador como él. El tema, la idea central, era que eso no bastaba, porque aunque te arrepintieras, te confesaras, y Dios te perdonara, tu alma quedaba manchada y en ese estado no podía entrar al paraíso. Así que, tras la muerte, primero te ibas a una lavandería de almas llamada Purgatorio, precisamente a purgar, a limpiar como quien dice, a que tu alma se purificara entre llamas y dolor; porque ésa era otra idea arrastrada hasta nuestros tiempos: que el dolor purifica.

El tema era que, como Dios es eterno, su concepción del tiempo era distinta, así que el alma del pecador podía estar miles de años en el Purgatorio, quemándose sin consumirse milenio tras milenio, sufriendo tormentos y agonías como los del infierno, pero con la esperanza de alcanzar al paraíso. Y como nadie quiere sufrir miles de años antes de una eternidad de dicha, surgieron las indulgencias: comprar el perdón, rebajar tus años de Purgatorio con dinero contante y sonante que acercaba la puerta del cielo y ensanchaba las arcas del pontífice en Roma. Gran idea.

Y como una forma de ganar más dinero es la diversificación del producto, de pronto se podían comprar indulgencias para uno mismo o para los parientes que ya habían muerto y ya estaban retorciéndose en el Purgatorio. También surgió la indulgencia plenaria, más cara desde luego, pero que significaba dejar el alma limpiecita: al cielo con todo y zapatos si se adquiría uno de esos perdones *premier.* Y como uno nunca sabe cuándo va a morir, y por lo tanto cuándo hay que arrepentirse, incluso el perdón se vendió por adelantado, algo así como "pague ahora y peque después".

La idea fue tan buena, que el papa León X, a quien se atribuye la frase: "Qué útil nos ha sido el mito de Cristo", pudo construir una basílica en honor a sí mismo y para satisfacción de su ego, pero para que eso no fuera evidente dijo que era para san Pedro, que como estaba muerto no la necesitaba… De Dios, ni hablar. Su reino no es de este mundo.

Lutero no estaba de acuerdo con nada de eso, y cuando el vendedor de indulgencias Johan Tetzel llegó a vender a Wittemberg, donde Lutero oficiaba sus misas y daba sus sermones, comenzó el conflicto. Lutero argumentaba que el perdón no se compra sino que se gana con fe y con buenos actos. León X decidió que eso era una herejía, que es el nombre que la Iglesia da a cualquier idea que no le conviene. En resumen, las opciones para Lutero fueron dos: te retractas o te excomulgo. Si te excomulgo te vas al infierno, y para no hacerlo largo primero te mando a la hoguera para que te vayas de una buena vez. Lutero no se retractó, el papa nunca pudo mandarlo a la hoguera, y por fortuna, para él y para todos, el infierno no existe.

El dominio económico y político que ejercía la Iglesia sobre Europa provocó que muchos reyes nórdicos y príncipes alemanes apoyaran a Lutero. Y en 1520 una buena parte de Europa desconocía ya la autoridad papal. La religión cristiana quedó partida en dos: católicos, conocidos por los reformados como papistas, y reformados, conocidos por los católicos como protestantes.

Normalmente se presenta a la llamada Reforma protestante como una ruptura religiosa derivada de la inconformidad de Lutero, lo cual, desde luego, es una versión simplista. La Reforma lo fue en todos los sentidos: significó una ruptura con el antiguo régimen medieval-feudal y el advenimiento de la era moderna, preindustrial, capitalista, en la que comienza a germinar lentamente el concepto de Estado y de soberanía.

Lutero buscaba una reforma dentro de la Iglesia católica, no una división, pero sus argumentos contra la autoridad papal y su invitación a la interpretación de las escrituras, fuente directa de la fe, más la actitud absolutista y soberbia del papa León, finalmente dividieron la cristiandad, primero en dos y luego en diversas ramas que siguieron y siguen brotando.

También abrió la puerta de todo un nuevo mundo. Asumir la Reforma protestante en realidad significaba independizarse de la Iglesia y del papa, reafirmar la soberanía de los reyes y comenzar con el proceso de separar a la Iglesia del Estado, lo cual implicaba que el Estado se quedaba con las ganancias que antes eran de la Iglesia.

Particularmente, en el Sacro Imperio Romano Germánico, extraño ente político feudal, con principados y ciudades independientes que reconocían a un Sacro Emperador, que en los tiempos de Lutero era Carlos V, el de los chocolates, la tensión terminó por romper el delicado equilibrio de poderes.

Gran parte de los príncipes alemanes asumieron la Reforma luterana y desconocieron al papa; otros permanecieron en el catolicismo, mientras el emperador, que en realidad sí resultó ser un rey de chocolate, veía como se desgajaba su imperio. Pero la ruptura no era sólo del imperio; se estaba desgajando toda Europa, y la cultura comenzaba a dividirse en dos. Inició una revolución de las ideas, una renovación de la que España no formó parte.

Los países más alejados de la sede papal, que al mismo tiempo eran algunos de los más prósperos y también de los menos evangelizados, fueron los primeros en sumarse. Al poco tiempo todos los países escandinavos abrazaron la versión luterana de la fe, sin papa, mientras que en otros sitios, otros teólogos, como Juan Calvino en Ginebra, elaboraban sus propias versiones de la Reforma. Específicamente, la versión calvinista creció en parte de Francia, Países Bajos, Suiza, las Islas Británicas, y de ahí a Norteamérica.

Había una serie de ventajas para un país que se sumara a las ideas reformadas o protestantes, ya que al desconocer la autoridad papal se terminaba el dominio de la Iglesia en cuestiones políticas, económicas, sociales y legales, además de que el rey reafirmaba su poder por encima del papado o de cualquier otra institución; se cancelaban las aportaciones económicas a la Iglesia y, desde luego, se podía desconocer el Tratado de Tordesillas, ése en el que el papa Alejandro VI repartió América. La fe tenía muy poco que ver: desconocer al papa era conveniente en lo económico y lo político.

Es muy famoso en la historia el caso de Enrique VIII, rey de Inglaterra, quien también inició una reforma en su país, inspirado en principio por ideas luteranas. La historia coloquial reduce el conflicto inglés a un lío de faldas derivado de que, en 1529, Enrique VIII pidió al papa que anulara su matrimonio con Catalina de Aragón, para casarse con Ana Bolena, a lo que Clemente VII se negó.

Enrique consultó con teólogos fieles a su causa, desconoció la legitimidad de su primer matrimonio y se casó con la Bolena en 1533, razón por la cual el papa excomulgó al monarca inglés, quien a su vez desconoció la autoridad papal. Cada uno desconoció al otro en una actitud tan freudiana y falocéntrica como cuando en el siglo XI el papa excomulgó al Patriarca de Constantinopla y éste, a su vez, excomulgó al papa.

Ver la Reforma religiosa de Inglaterra como un lío de pasiones es del todo simplista; en realidad todo tiene relación con la compleja política de la época: una España como gran potencia colonial, un emperador germánico que a la vez era rey de España, una esposa de Enrique VIII pariente del emperador, jefe además de la poderosa familia Habsburgo, y un rey Francisco I de Francia que intentaba integrar a su país al concierto de las potencias.

Ante esta situación, el rey inglés vio en la reforma religiosa, y en el desconocimiento de la autoridad papal, una oportunidad para aumentar el poderío de Inglaterra y el suyo propio. En 1534 el Parlamento inglés proclamó el Acta de Supremacía, a través de la cual se nombraba al rey como única cabeza de la Iglesia en Inglaterra. Así fue como ese país abandonó la Iglesia católica, aunque fue hasta el reinado de la segunda hija de Enrique, Isabel I, cuando la reforma inglesa se consolidó, ahora inspirada en ideas calvinistas, y se formó la Iglesia anglicana.

Desde 1529 Inglaterra desconoció el Tratado de Tordesillas, que había sido desconocido también por otros países como Dinamarca, y simplemente ignorado por otros como Francia. Esos países también comenzaron a colonizar territorios del nuevo mundo. Para no entrar en un conflicto con la poderosa España, empezaron a explorar la parte que los españoles habían ignorado: Norteamérica.

Exploradores como Francis Drake y Walter Raleigh, el de los cigarros, empezaron a navegar por el norte de América desde mediados del siglo XVI, reclamándola para Inglaterra, y desde principios del siglo XVII comenzaron los establecimientos británicos en el territorio. Los primeros asentamientos fueron fundados en 1607; posteriormente, en 1609, 1610 y 1619, se establecieron nuevas colonias, todas de carácter comercial.

Contrariamente a los españoles, que esperaban tropezarse con la riqueza en forma de oro, los ingleses, que precisamente no encontraron dicho metal, comenzaron a transformar los recursos para generar riqueza. Esa idea española arraigó tanto en la América hispana, que sigue dominando la mente de los mexicanos, mientras que la idea inglesa es la que domina la mente gringa.

La peor pobreza de España

España encontró oro en América y ahí comenzó su peor pobreza. Durante trescientos años nunca tuvo necesidad de cambiar sus ideas. Su borrachera americana terminó en el siglo XIX y es probable que su resaca se prolongue hasta nuestros días. Se tropezó con la riqueza que tanto anhelaba y precisamente por eso no aprendió a producirla. Todo parecido con el tema del petróleo ha de ser pura coincidencia… ¿O un condicionamiento?

En 1516, Carlos de Gante, hijo de Juana la Loca y Felipe el Hermoso (¡vaya pareja!), y nieto de los Reyes Católicos, se convirtió en Carlos I de Castilla y Aragón. En 1519, tras la muerte de su abuelo paterno, Maximiliano I de Habsburgo, Sacro Emperador alemán, pasó a ocupar dicho trono con el título de Carlos V. Para su desgracia, además del trono también heredó el conflicto que ya había comenzado con Lutero. Ese mismo año, un don nadie llamado Hernán Cortés Monroy y Pizarro Altamirano comenzaba la aventura americana de la que nació México, e inauguró el flujo de riqueza hacia las arcas de don Carlos.

España encontró oro. A cada paso que daba por ese glorioso nuevo mundo se encontraban con más. Y sin saberlo, cada paso los empobrecía a futuro; cada pepita de oro anclaba su mente en la Edad Media, en el mercantilismo, en la idea de que la riqueza dependía de la suerte. Cada veta de plata los alejaba del progreso, y de esa Inglaterra que lentamente salía de su letargo.

España encontró indios, millones de indios, y cada uno de esos seres humanos la alejaban de la laboriosidad y de la productividad. España encontró mano de obra gratis. Su único trabajo era conquistar; lo demás venía por sí solo. La idea original de los aventureros de las Américas era obtener riqueza, mucha y muy rápido, y regresar a España como grandes señores. Pero las ideas de aquel tiempo dejaban claro que ser o no un gran señor no dependía de la riqueza sino del nacimiento. Plebeyo naciste, plebeyo morirás; nunca serás noble. Esa idea se perpetúa en México con la etiqueta de nuevo rico, y con la estúpida sentencia de que la mona, aunque se vista de seda, mona se queda. Abolimos la idea de nobleza en nuestras leyes, pero no en nuestras mentes.

Al poco tiempo los conquistadores se dieron cuenta de que la riqueza americana no podían llevársela de vuelta a España, pues por más oro que pudiesen cargar, éste finalmente se acabaría y volvería la pobreza. La riqueza del nuevo mundo era el nuevo mundo en sí mismo, sus recursos, su oro y su plata, su agricultura... y los indios que trabajaran para ellos. América era la oportunidad de ser los grandes señores que nunca serían en Europa.

Desde entonces hasta hoy todo saqueo requiere un pretexto, y Dios fue ese pretexto para los españoles. Era su obligación llevar la cristiandad al nuevo mundo, llevar la verdad y la salvación; la única verdadera palabra del único Dios verdadero debía ser llevada a los indios para poder salvarlos y que ganaran el paraíso. Otra idea: por causa de Lutero, la Iglesia católica perdía fieles en Europa, pero Dios ofrecía el nuevo mundo a los españoles para recuperar de un lado del océano las almas perdidas en el otro. Y, claro, a cambio de la salvación eterna, lo menos que podían hacer esos indios salvados de las garras del infierno era trabajar para sus salvadores.

Una idea muy española: Dios expulsó al hombre del paraíso tras el pecado original y como castigo lo mandó a este valle de lágrimas a trabajar. Trabajar, pues, era un castigo de Dios y, por lo tanto, algo muy indigno. Que trabajen los plebeyos. Los nobles, amigos de Dios como son, no trabajan... Y casi todos los españoles se sentían nobles.

Esa nobleza para todos se originó en ese periodo que la historia de España llama Reconquista, los tres siglos de guerra contra los reinos musulmanes que dominaban la Península, allá cuando España todavía no era España: desde tiempos del Cid, en 1095, hasta la reconquista de Granada en 1492.

Fue común que los reyes premiaran con títulos de nobleza a todo aquel que matara a los moros. Como resultado de esa política, el reino se vació de moros y se llenó de nobles, con títulos pero sin tierras, pobres pero nobles. El hijo de un noble pobre es más pobre aún, pero a fin de cuentas noble... Como el mexicano de "buena familia" que se empobrece. Hijos de alguien, se hacían llamar, hijos de algo... hidalgos, pobres que se consolaban con su pretendida nobleza. Eso fue Don Quijote y eso fue Hernán Cortés.

Al hecho de que trabajar sea un castigo divino hay que sumar la medieval idea, impuesta por la rica Iglesia católica, de que la riqueza es mala y la pobreza es virtuosa. Otra idea muy mexicana que hunde sus orígenes muchos siglos en el pasado. Una receta para la eterna pobreza.

Una idea muy inglesa después de la Reforma protestante: Dios expulsó al hombre del paraíso tras el pecado original y en castigo lo envió a este valle de lágrimas a trabajar. Trabajar, pues, era un castigo de Dios. Y, por lo tanto, la única forma de recuperar la gracia de Dios era trabajando, cumpliendo el castigo. Y, claro, como la consecuencia ineludible del trabajo es la riqueza, la riqueza es virtuosa; el pobre, en cambio, no ha sabido aprovechar los dones de Dios y seguramente tiene un lugar asegurado en el infierno. El paraíso es para los ricos; de lo contrario, no sería el paraíso.

En el siglo XVI España terminó de empoderarse y en ese mismo siglo comenzó su larguísima decadencia, precisamente por anclarse a la Edad Media mientras Inglaterra iba inaugurando la modernidad. La catoliquísima España no sólo no participó de esa revolución de ideas que fue la Reforma protestante sino que, de hecho, encabezó un movimiento reaccionario, antimodernista, enemigo del cambio, que hoy es conocido como la Contrarreforma.

Carlos V, rey de España y Sacro Emperador germánico, luchó toda su vida contra Lutero y su reforma. Finalmente, su persona era considerada tan sagrada como la del papa; su poder dependía de las ideas medievales. Y todo aquel que ostenta el poder es conservador en cuanto a las ideas, pues pretende mantener viva la ideología que legitima su poder. Eso no ha cambiado el día de hoy. En cuanto llegan al poder, los liberales se vuelven conservadores para preservar el poder.

Después de toda una vida y de un reinado de luchas, Carlos V tuvo que ceder, pues finalmente a la escurridiza realidad no le importan las teorías estáticas. En 1555, ya muerto Lutero, pero vigentes sus ideas, el rey firmó un documento, conocido como la Paz de Augsburgo, en el que reconocía el derecho de los luteranos alemanes a profesar su fe en el seno del imperio.

Ésa fue su máxima derrota. Y eso que tuvo muchas. Al año siguiente abdicó a todos sus tronos: el del imperio alemán se lo dejó a su hermano Fernando de Habsburgo, y los de Castilla y Aragón, a su hijo Felipe, quien los unificó en su persona con el título de Felipe II. Y a partir de ahí ya podemos hablar de una España unificada.

Como suele pasar, don Felipe heredó las ideas y las manías de su padre, entre ellas la testarudez. Como rey de España se opuso de manera absoluta a las ideas reformadas y, de hecho, fue el mayor promotor de esa contrarreforma. En términos de la Iglesia católica, dicha contrarreforma implicó la reunión de la alta jerarquía eclesiástica en una ciudad del sur del imperio, hoy norte de Italia, llamada Trento.

El Concilio de Trento fue un intento por prolongar la Edad Media, que de hecho se extendió precisamente en España y, en consecuencia, en sus dominios americanos. El paquete básico de ideas de dicho concilio era el siguiente: la Iglesia católica tiene el monopolio de la fe y la salvación, y, por ende, el poder de mandar a todos los herejes al infierno; las escrituras no pueden ser entendidas por la gente común, por lo cual, para evitar otro conflicto como el de Lutero, la Biblia, que no puede ser traducida del latín a ninguna lengua comprensible, preferentemente no debe ser leída. Además, por encima de todo, es pecado interpretarla. Sólo el magisterio de la Iglesia entiende el libro revelado por Dios.

El celibato, que fue impuesto sin sustento bíblico en el siglo x como una medida de control de herencias, se reafirma. Dios inventó el sexo para prohibirlo, pues en algo tenía que entretenerse desde el séptimo día en que comenzó Su descanso. Dios necesita de la burocracia humana, a pesar de ser omnipotente y omnisciente, por lo cual no es posible entenderse directamente con Él, sino siempre por medio de los curas, principalmente en aquello de confesar los pecados... pues en algo tienen que entretenerse los curas desde que comenzó su descanso.

El Purgatorio sí existe, sí puedes chamuscarte en él durante miles y miles de años, y *sí*, sí es posible comprar el perdón en efectivo y por adelantado; es decir, se reafirma la venta de indulgencias, causa original de todo este desmán y principal fuente de ingresos de la institución. Como otra fuente de ingresos estaba la veneración de reliquias, es decir, de restos mortales, prendas o utensilios de santos y hasta del mismísimo Jesús. Se confirmó que dicha veneración y los peregrinajes adonde se encontraban estas reliquias, y los correspondientes donativos desde luego, también podían comprar el perdón divino.

Fue así como la institución que prohíbe los amuletos y la superstición promovió todo tipo de supersticiones y fetiches, y autentificó reliquias absurdas como las barbas de san Pedro, la cabeza de san Juan Bautista, las astillas de la Santa Cruz, suficientes como para construir el Arca de Noé, clavos de la misma cruz, bastantes como para herrar a todos los caballos de Europa, leche del pecho de la Virgen, y la más absurda y grotesca de todas: el Santo Prepucio... así como se lee y sin más comentarios para no hacerlo más ridículo y grotesco.

Como parte de lo que argumentaba Lutero, nada de lo anterior tenía sustento bíblico. Y se presume que la Biblia es la palabra de Dios. Entonces se estableció que la tradición tenía el mismo peso que las Escrituras como revelación divina. Curarse en salud. Algo así como decir: si desde hace siglos venimos haciendo y repitiendo una necedad es porque así lo quiere Dios. Y eso que es absolutamente sabio.

Y quizás lo más importante de todo el paquete de ideas sometedoras: un índice de obras prohibidas, la lista de los libros que todo buen católico *no* debía leer, pues de hacerlo condenaría su alma a los sulfurosos infiernos por toda la eternidad. Dato cultural: dicho índice siguió en vigor hasta el siglo XX. La lista comenzaba con toda la obra de Lutero, y con el paso del tiempo pasaron por ahí Newton, Galileo, Copérnico, Kepler, Kant, todos los ilustrados, Marx, Nietzsche, Sartre, Freud… y, por qué no, la propia Biblia.

Así pues, mientras las versiones reformadas de la fe, el luteranismo, el calvinismo y todo lo que derivó de ellas eran religiones que se basaban en la lectura de sus Escrituras —que es el mismo caso del judaísmo, el islam, el hinduismo y el budismo— el catolicismo se erigió y se reafirmó como una religión basada en que *no* se leyeran sus Escrituras. Resultado: para ser protestante hay que alfabetizarse, leer y pensar; para ser católico está muy bien ser analfabeta, no leer, no pensar, no analizar, no cuestionar. Callar y obedecer.

Así fue como la modernidad zarpó desde Holanda e Inglaterra hacia el norte de América, y el medievalismo más recalcitrante levó anclas desde España y viajó hacia el sur, a ese lugar al que mucho tiempo después Napoleón III bautizó como América Latina, rincón del mundo donde la Edad Media sigue muy viva en muchos aspectos.

De británicos a gringos: una historia de piratas

España nació como un imperio. Apenas comenzaba a existir y ya poseía medio mundo, por si fuera poco la mitad más rica. Pero para ser más exactos hay que decir que nada de eso pertenecía a España, sino a la Casa Real, que es como se llamaban las mafias de entonces, que poseía a España, a los españoles y a sus recursos. Eran los Habsburgo, una familia medieval de origen austriaco, descendiente de los pueblos germánicos que terminaron de derrumbar el Imperio romano, que obtuvo su primera corona en el siglo XIII y perdió la última hasta la Primera Guerra Mundial.

En el siglo XVI los Habsburgo eran dueños de Alemania, de España y de todo lo que incluía el paquete español; pero según su visión de la vida, sus dominios no eran países que debieran administrar, sino el tesoro familiar que podían dilapidar a placer; para eso Dios los había nombrado reyes.

En 1556, el hijo de Carlos V, Felipe II, se convirtió en rey de España, la cual incluía la costa noroccidental de África, Sicilia y el sur de la península itálica, la América española y las islas que, para mayor gloria de su ego, fueron llamadas Filipinas. Pero el muchacho también era hijo de Isabel de Portugal, con lo cual pudo sentarse en ese trono y ceñirse la corona desde 1589. Y ese paquete incluía casi todas las costas africanas, la isla de Madagascar, las costas de la península árabe, de Irán y del Indostán, algunos puertos de China, las Islas de las Especias y Brasil.

Como pasa hasta hoy con los herederos que sólo reciben su fortuna en lugar de aprender a generarla, don Felipe simplemente despilfarró, a tal grado que, a pesar de esa inmensa riqueza, declaró la bancarrota de España en tres ocasiones. El señor era dueño de medio mundo y, al igual que su padre, gran parte de su fortuna la gastó en guerras para tratar de conservar su mitad del planeta y conquistar la otra mitad. Tenía que superar a su progenitor. Sigmund Freud siempre se cuela en la historia.

Inglaterra estaba molesta y preocupada por esa situación, pues justamente cuando comenzaba a ganar poderío y a tratar de quedarse con parte del mundo para su causa, Felipe II prácticamente era dueño de las dos mitades del planeta. Con base en el Tratado de Tordesillas, que de cualquier forma los ingleses no reconocían como válido, don Felipe, como rey de España, era dueño de todo lo que estaba hacia el oeste de la línea, y como rey de Portugal, era amo y señor de todo lo que estaba al este, así que, humildemente, era dueño de todo, menos de Inglaterra, un pedacito del mundo con el que también pretendía quedarse.

Tres siglos duró una guerra no declarada entre España e Inglaterra por el dominio del mundo, conflicto que a la postre ganaron los ingleses, y en el que parte fundamental la jugaron los legendarios aventureros de los océanos, considerados hoy en día como gente sin patria que vivía del mar y de sus tesoros: los piratas.

La piratería fue una etapa importantísima de la historia de América, de España y de Inglaterra. El fenómeno de los piratas surgió cuando las grandes potencias comenzaron a navegar y a comerciar por todo el mundo, y por lo tanto se movían grandes fortunas por los mares; inmensas riquezas que los piratas intentaban obtener a como diera lugar. Hubo piratas por todos los océanos, pero tal vez los más famosos fueron los del Caribe, ya que en dicho mar el tráfico comercial entre Europa y América era pródigo pues ahí circulaba la riqueza que los ingleses querían obtener.

En general, conocemos con el nombre de *piratas* a las personas que se dedicaban al bandidaje en los mares. Sin embargo, hay que diferenciar entre éstos y los corsarios, los cuales eras marineros que saqueaban las embarcaciones, pero al servicio de alguna corona, normalmente de la inglesa, que les otorgaba un documento conocido como "patente de corso", un permiso que los facultaba para robar en el mar. Por estas patentes de corso, precisamente, se les llamaba corsarios.

Los piratas también se dedicaban al saqueo, pero sin autorización de ningún gobierno; es decir, eran corsarios, pero piratas, esto es ilegales. Básicamente Walter Raleigh era corsario y Jack Sparrow era pirata, pero hacían lo mismo. Así pues, la actividad conocida como "corso" fue durante siglos parte de una gran guerra entre potencias europeas por poseer la mayor cantidad posible de riquezas.

Viéndolo así, vaya que muchos gobiernos de las actuales grandes potencias básicamente son corsarios. La diferencia entre corsario y pirata, entonces y hoy, es que uno roba en nombre del gobierno y otro lo hace en contra del gobierno. Algo muy parecido a lo que sucede en el negocio de las drogas y en muchas otras mafias: esa es la diferencia entre un partido político y un cártel.

Los corsarios navegaban con la bandera del país que los autorizaba y tenían que actuar de acuerdo con las leyes del monarca de dicha nación y acatar las reglas que les impusiera su gobierno. La más importante siempre era la misma:

respetar los navíos de ese reino y de sus aliados. La cuna de los más importantes y famosos corsarios era Inglaterra, quienes debían respetar los barcos ingleses y de sus aliados, que casi siempre eran los portugueses. Es decir que el trabajo de los corsarios ingleses era saquear barcos españoles en nombre de Su Majestad.

Durante el tiempo en que Portugal fue parte de España, o más bien propiedad de los Habsburgo —desde 1589, y oficialmente hasta 1648—, la alianza con Inglaterra no existió. Fue la época de oro de los corsarios ingleses, ya que por esa coyuntura política tenían derecho de robar tanto a españoles como a portugueses alrededor de todo el planeta. Conforme fue creciendo el poder y las ambiciones de países como Francia y Holanda, dichos gobiernos también comenzaron a otorgar patentes de corso. Entonces la guerra pasó a ser de todos contra todos.

La historia de Francis Drake, quien quizá vivió de 1543 a 1596, fue particularmente interesante. Desde que era un muchacho de 22 años intentó hacer comercio entre América e Inglaterra, pero en 1565 su cargamento y el fruto de su trabajo fue confiscado por los españoles. A partir de entonces casi toda su vida fue una revancha, pues se dedicó al saqueo de gachupines en todos los océanos del planeta.

Como las posesiones españolas le daban la vuelta al mundo, Francis Drake se la dio también, y una de sus expediciones fue la segunda en hacer un viaje de circunnavegación, después del que realizara Fernando de Magallanes y Juan Sebastián Elcano. Drake asaltó y sembró el pánico en casi todos los puertos españoles de América y reclamó California para la reina Isabel de Inglaterra. Llegó a comandar una flota de 30 barcos, todos dedicados a robar la riqueza que España obtenía de América. Él fue el hombre que por primera vez llevó patatas y tabaco a los ingleses.

En 1587 destruyó el puerto de Cádiz y quemó todos los barcos anclados ahí. Cuando Felipe II de España exigió reparaciones a la reina Isabel, ésta respondió subiendo al barco de Drake a quien nombró caballero ahí mismo. Desde entonces es conocido como Sir Francis Drake, un ladrón legitimado por el gobierno, que así lo convertía en una persona decente. Poco ha cambiado en el siglo XXI, en el que un pirata como Barack Obama, que también saquea el mundo en nombre de su gobierno, puede obtener un Premio Nobel de la Paz.

La mayor riqueza de Inglaterra

España saqueó al mundo, cosa muy criticada por Inglaterra, que en cuanto pudo se dedicó a hacer lo mismo, aunque con mucho más profesionalismo. Mucho criticaban los ingleses que España tomara como pretexto la palabra de Dios para entregarse al expolio del planeta; por eso ellos robaron y conquistaron en nombre de la civilización. Y como siempre hace falta una justificación para robar legalmente —sea Estados Unidos robándole al mundo, o México robándole a sus propios ciudadanos—, la versión moderna de aquellas abstracciones, que se refieren exactamente a lo mismo en el siglo XXI, son *libertad*, en el primer caso; *pueblo*, *nación* y *democracia*, en el segundo.

Pero la mayor riqueza de Inglaterra, a pesar de todo, no fue el botín que sus nobles corsarios arrebataron a España, sino haber cambiado sus ideas, abandonando el paquete medieval y yendo a la vanguardia del paquete moderno. Siguen siendo ideas, siguen sin ser muy novedosas, siguen siendo la adaptación de otras, siguen siendo pretexto para controlar mentes y masas, y siguen sin estar libres de patrones y condicionamientos. Sólo resultaron ser más funcionales. Nada más, pero nada menos.

La diferencia entre las ideas hispano-católicas medievales y las anglosajonas protestantes y modernas podemos distinguirla con el paso de los siglos. En el XVII nadie hubiera apostado por Inglaterra, pues la potencia mundial indiscutiblemente era España, y no se vislumbraba una sola posibilidad de que algo cambiara ese estado de cosas de la historia. La monarquía de los Habsburgo dominaba todo, lo tenía todo, lo era todo. Tenía el control de los recursos, de las rutas marítimas más importantes alrededor de todo el orbe, y de casi la totalidad del comercio mundial.

España no sólo estaba por encima del resto de Europa, sino que había sometido al glorioso Oriente de aquel tiempo, la cuna de la riqueza y la cultura; dominaban las costas de lo que fuera la gran Persia, los litorales del imponente y exuberante Indostán, los puertos más fructíferos del fastuoso Imperio del Cielo, que es como se hacía llamar China a sí misma, y las legendarias Islas de las Especias, en una época en que el grano de pimienta era tan valioso como el oro.

Por si todo lo anterior fuera poco, había acaparado la parte más próspera de América; la exuberancia de la Florida; las magníficas vetas de plata de Nueva España, plata que era la moneda mundial y el único método de pago aceptado por muchos mercaderes de todos los rincones del mundo, y las montañas de oro de Perú, que hacían palidecer todas las leyendas. Toda la riqueza del mundo era propiedad española.

En contraparte, Inglaterra apenas había logrado establecer algunas colonias comerciales en la fría y dura costa de Norteamérica. Dichas colonias producían, sobre todo, madera, tabaco y algodón, mercancías que sólo intercambiaban con su metrópoli. Nadie en el siglo XVII hubiese apostado por Inglaterra... Dos siglos después el imperio español estaba hecho cenizas y el mundo que antes fue de ellos, ahora era propiedad de Inglaterra, la nación que ganó aquella guerra de tres siglos. El país que dependía de los recursos se hizo polvo; el que dependió de las ideas se hizo amo del mundo.

Quizás la más importante y novedosa de las ideas del nuevo paquete fue la de aprovechar la inteligencia de los súbditos en vez de someterla y adormecerla. El gobierno español optó por enriquecerse a costa de la pobreza de sus pobladores; por su parte, el gobierno inglés prefirió enriquecerse a través de la riqueza de sus gobernados. Esa diferencia de mentalidad aún puede verse entre México y Estados Unidos; en realidad, entre la América anglosajona y la América Latina. Incluso en Europa es evidente la diferencia de ideas y de prosperidad: la división entre los países de la cuenca del Mediterráneo y las naciones del norte, los católicos y los reformados, los que se quedaron con el paquete medieval de ideas y los que compraron el paquete de la modernidad.

La Iglesia católica perdió la gran oportunidad de llevar a la práctica la humildad presumida y exigida por sus autoridades arrogantes, desaprovechó la coyuntura propiciada por Lutero para revisarse y transformase a sí misma y usó el

Concilio de Trento, la contrarreforma, para hundirse en su medievalismo, en su monopolio de fe y salvación, que finalmente era la forma de mantener el monopolio de la economía y la política.

En contra de la pobreza tan enaltecida por el catolicismo, Lutero escribió que trabajar era orar. Más adelante Calvino añadió que los fieles, además de trabajar muy duro, deberían ser miembros productivos de la comunidad y ayudarse unos a otros a ser productivos. La prosperidad era lo que Dios quería para todos: un trabajo colectivo. La pobreza de unos, por lo tanto, era la vergüenza de todos. Contra la ética teórica del catolicismo, los calvinistas establecieron una ética práctica, la única que en realidad existe: la práctica.

No vayamos a pensar, sin embargo, que todo era maravilloso entre los cristianos reformados. Con el paso del tiempo, y de no mucho, cayeron en los vicios y los excesos que criticaban. Comenzaron denostando a la inquisición, y Calvino se convirtió en un gran inquisidor, en un fanático religioso que, al igual que la Iglesia romana, ejecutó a los que no compartían sus ideas.

En Europa los católicos quemaron a los herejes, y en las colonias calvinistas de América inmolaron a las brujas. El catolicismo sirvió para controlar masas, y las iglesias reformadas terminaron haciendo lo mismo. La diferencia más importante, sin embargo, fue que, con base en su espíritu comunitario, dichas masas obtuvieron muchos más beneficios por su sometimiento.

Al romper con la Iglesia católica, el rey o la reina de Inglaterra reafirmaban su autoridad como única en el reino y sobre todos sus súbditos, mientras que en los reinos católicos siempre hubo un conflicto de intereses políticos y económicos entre los reyes y el papa. De esta soberanía total de un rey sobre su territorio y sus súbditos nació el Estado como se concibe hasta el día de hoy.

Antes de la ruptura, la Corona inglesa enviaba una aportación anual a Roma para colaborar con los gastos del papa y de la Iglesia. Tras dicha ruptura, esa cuantiosa contribución dejó de ser aportada: más dinero inglés, que ahora se quedaba en Inglaterra.

Dato curioso: dicha aportación era conocida como Óbolo de San Pedro; una idea de Inglaterra en el siglo XIII que perdura hasta nuestros días. Tras la Reforma, la corona inglesa dejó de otorgar esa aportación que la Iglesia le siguió exigiendo a los monarcas católicos. Algunos aún lo aportan y, desde luego, las arquidiócesis de todo el mundo siguen pagando ese generoso donativo, con el dinero de los creyentes, evidentemente.

Pero además, la Iglesia funciona como un sistema de franquicias: todo templo católico del mundo debe aportar dinero a la Santa Sede; al final de cuentas la idea que sustenta todo el negocio es propiedad de la Iglesia... Es algo así como pagar regalías. Lo anterior no quiere decir que en los templos ingleses se dejara de pedir diezmo (hay patrones que no rompe ninguna religión), sólo que el dinero recaudado en dichos templos dejó de ser para el papa y pasó a ser para el rey. Dinero inglés que se quedaba en Inglaterra.

Por cierto, básicamente eso mismo intentó Plutarco Elías Calles en el México de inicios del siglo XX: instituir la Iglesia católica mexicana, con los mismos dogmas, las mismas ideas, todo igual, pero sin el papa; que el dinero de los templos mexicanos se quedara en el Estado mexicano.

Muy buena idea, que no fue suya sino de Enrique VIII, y que aquí no se pudo llevar a cabo porque la Iglesia levantó en armas al pueblo con el pretexto de defender a Cristo Rey, aunque en realidad defendía el negocio y las ganancias. Un dato cultural: la Basílica de Guadalupe es uno de los templos católicos que más dinero aporta al Vaticano en todo el mundo; dinero de los pobres y famélicos de México para los pobres y orondos monseñores de Roma.

Pero la mejor idea del nuevo paquete inglés es la que hoy en día siguen combatiendo los que necesitan pobres a los pobres para seguir viviendo de ellos: la propiedad privada. En España todo era del rey, que según las ideas de entonces era designado por Dios, el cual era amo y señor de todo en el mundo. Pero como Dios está muy lejos y no tiene necesidades materiales, en su nombre el rey lo poseía todo.

En Inglaterra comenzaron a cambiar esa visión precisamente en el siglo XVII. La nueva idea: si se permitía la propiedad privada, los súbditos podrían enriquecerse, y mientras más se enriquecieran éstos sería mucho mejor para el rey, que finalmente les cobraría impuestos. Mientras más se enriquezca el individuo, más se enriquecerá la Corona, así que la nueva chamba del monarca era ayudar a que se enriquecieran los súbditos.

En contraparte, los Habsburgo siguieron con la vieja idea: todo para mí, así me enriquezco yo directamente y sin todo ese lío. Una vez más, ahí están las diferencias entre la mente inglesa y la mente española; la gringa y la mexicana; la reformada y la católica; la moderna y la medieval, y la angloamericana y la latinoamericana.

Aquí está de nuevo esa idea comunitaria del calvinismo: todos debemos prosperar, esa es la ética; todos debemos tener más, decían que para mayor gloria de Dios, pero entre que si eso le interesaba o no a Dios, mientras tanto los individuos vivían mejor. La ética católica, en cambio —entonces y hoy—, necesita pobres. Hay que ayudar a los pobres, así que necesitamos pobres para poder ayudarlos. Mientras más pobres haya es mejor, pues los pobres son necesarios para limpiar la conciencia arrojándoles una moneda.

El católico les da pescado a los pobres; los luteranos y los calvinistas tienen la obligación de ayudarlos a pescar. En las sociedades se ve la diferencia. Ese es el origen de otra costumbre muy gringa: los ricos son admirados, pero se ve muy mal tener dinero y no compartirlo. De ahí que todos los ricos, por lo menos los más famosos, como los actores y los deportistas, tengan una fundación o participen en una. En este aspecto poco importa si lo hacen sólo por conservar su imagen: el meollo del asunto es que ayudan y que se nota que lo hacen. Bill Gates dona la mitad de su fortuna… total, es cosa de volver a generarla.

Todo nuevo conjunto de ideas necesita una justificación. Y aquí aparece un inglés llamado John Locke, el filósofo que justificó este nuevo paquete de ideas. Locke, quien en una de esas vivió de 1632 a 1704, pero que en realidad no importa, se hizo la siguiente pregunta: ¿por qué el gobierno *no* tiene derecho de quitarle a nadie sus propiedades privadas? Su respuesta: los seres humanos poseen derechos naturales que sólo se preservan en un sistema de libre mercado: derecho a la libertad y derecho a la propiedad privada.

Lo de la libertad ni siquiera requiere explicación; es un derecho que, en efecto, parece evidente; lo de la propiedad privada, en cambio, sí parece un tanto más complejo... sobre todo por la hipocresía de que si en realidad todos pudieran ejercer el derecho de tener una propiedad privada, por lógica económica ésta dejaría de ser valiosa. En corto: el dinero es valioso porque no todos lo tienen, pues la economía burguesa está basada en la desigualdad y, como bien señaló después Marx, el capitalismo es esencialmente inmoral.

Sin gobiernos —mejor dicho, antes de que existieran los gobiernos—, decía Locke, los seres humanos vivían en un estado hipotético al que llamaban estado de naturaleza (hipotético porque desde que hay civilización hay gobierno). En dicho estado, los individuos son políticamente iguales, libres de restricciones fuera de la ley natural, la cual se descubre gracias a la razón.

Así pues, decía Locke, los derechos naturales son reconocidos por el gobierno, no creados por éste. Ésa es la base teórica de los llamados derechos humanos. En dicho estado de naturaleza evidentemente todo era de los individuos, no de un rey o un gobierno. Por eso, según este pensador, la propiedad es un derecho natural; pero como el estado de naturaleza es inestable y peligroso, entonces se crea el Estado, para garantizar derechos naturales como la libertad y la propiedad. Esos son los límites del Estado.

Las ideas de Locke influyeron mucho más en las colonias británicas que en Inglaterra y fueron la base de muchos sistemas legales e ideas que siguen siendo sustento, hoy en día, de Estados Unidos. Son, además, la contraparte de las ideas que siguieron manteniendo los españoles. Las ideas de ingleses y españoles se aplicaron en el nuevo mundo, y desde entonces y hasta hoy, marcaron a las sociedades del continente americano.

Conquistar y colonizar América significó agregar millones y millones de hectáreas de tierra a las monarquías europeas. El tema fundamental era cómo se establecería la posesión de dichas tierras. Para los Habsburgo españoles no había duda: todo pertenecía a la Corona. Los ingleses hicieron la revolución al otorgárselas a los individuos.

En las colonias británicas se desarrolló una "democracia" de aristócratas, ligada a la propiedad de la tierra. Si eras propietario de 20 hectáreas, podías votar por miembros del parlamento, y si tenías más de 200, podías ser electo al parlamento. El meollo del asunto es que, para promover la migración, también se estableció la idea de que a todo hombre libre que llegase a América se le otorgarían 40 hectáreas, y, por añadidura, sus derechos políticos.

Claro que no todos tenían la posibilidad de costear el viaje al nuevo continente. Pero ese problema se arregló con otra idea: podías viajar como sirviente, con un contrato que te ataba a trabajar para tu amo por un periodo que iba de cuatro a siete años, después de los cuales se te concedía la libertad y, con ella, 40 hectáreas de tierra, y el correspondiente derecho a voto, con la posibilidad, desde luego, de aumentar tus terrenos y riquezas con tu trabajo, y adquirir entonces el derecho a ser votado. Las masas comenzaron a cruzar el océano a partir de ese momento.

En la América española todo pertenecía al rey. A lo más que se podía aspirar era a tener una merced real, es decir, un favor del rey. Esta merced era, desde luego, un pedazo de tierra; pero esa tierra no era propiedad del individuo, sino siempre del rey. Y el rey podía quitarla a capricho el día que se levantara de mal humor. Así pues, la riqueza dependía del humor del rey y no de un derecho consagrado.

Como resultado de lo anterior, tanto de esa realidad material como de las concepciones religiosas, el individuo de las colonias británicas tenía toda una vida para trabajar y enriquecerse. No tenía miedo de perder la fuente de su riqueza, que además podía heredar a sus hijos. En contraparte, el español tenía que hacerse rico lo antes posible; antes incluso de perder el favor del rey. Además debía generar mucha riqueza, pues esa merced no podía ser heredada… Y ahí están esas ideas traídas a la actualidad: el gringo sabe que hacerse rico es tarea de toda una vida; el mexicano se quiere hacer rico ya; hoy, hoy, hoy, como diría un ex presidente.

De dichas ideas y dichas realidades se deriva lo que con el tiempo fue llamado el *sueño americano*, que evidentemente era soñado desde aquellos tiempos aunque aún no se llamara así, ni fuera todavía un discurso político para manipular a las masas. El sueño: la posibilidad de obtener riqueza con base en el trabajo. Si tuviéramos que definir un sueño hispano, tristemente sería obtener riqueza con saqueo y con el trabajo de otros.

Es importante no caer en el error de pensar que los ingleses eran mejores que los españoles, y que por eso desarrollaron ideas más modernas; no hay que caer en la tentación de creer que hay algún tipo intrínseco de superioridad. No, las ideas que generan los individuos y los pueblos dependen de su realidad material, y el meollo del asunto es que dicha realidad fue muy diferente para España y para Inglaterra. La primera se encontró, literalmente, con una mina de oro que le permitió aferrarse al pasado. El segundo, sin esa mina, tuvo que generar nuevas ideas.

En una de esas, si Inglaterra hubiese llegado al sur de América se habría instalado en la Edad Media, y si España hubiera llegado al norte hubiera desarrollado las nuevas ideas. Pero ya sabemos que el *hubiera* no existe y que lo que es no tiene remedio. El asunto es que las ideas dependen del contexto social y material.

El hombre que dejó claro como el agua lo anterior fue Karl Marx, quien también fue uno de los mayores críticos del pensamiento y las ideas propuestos por Locke, con un planteamiento tan simple y demoledor como éste: la libertad del llamado sistema liberal está garantizada sólo para una clase minoritaria y descansa en el despojo de las masas; por eso el capitalismo liberal es inmoral, porque es un sistema en el que el proletario, en vez de liberarse con el trabajo, se esclaviza más, pues hace más poderoso a su explotador.

Ésta es una de esas verdades casi absolutas, pues no hay que olvidar que el capitalismo es un sistema que surgió de una cultura de piratas, y eso es lo que hacen los piratas, antes y en la actualidad: despojar… Lo malo es que, con base en Marx, sólo surgió un tipo distinto de despojo y de piratería. Lo anterior, desde luego, no es culpa de Marx sino de los marxistas; caso similar al de Cristo y al de Freud.

El barco que cambió la historia

Los gringos de hoy, contrariamente a lo que sucede con países de América Latina, como México, no tienen conflictos de identidad derivados del encuentro entre Europa y América; no buscan, ni pretenden hacerlo, ningún tipo de origen histórico, racial o cultural en los pueblos originarios del continente, cuya historia simplemente no forma parte de la de Estados Unidos.

Lo anterior tiene mucho sentido y una razón histórica: sus ancestros mataron a los indios, y a los que no pudieron exterminar los encerraron en unos campos de concentración a los que les pusieron otro nombre, para que no parezca que son campos de concentración: reservas.

En México, donde juzgar negativamente al gringo es deporte nacional, no nos cansamos de señalar ese detalle para dejar clara nuestra superioridad moral... Como si juzgar hiciera superior al juez. Contra la aniquilación que se produjo allá, aquí hubo mestizaje, decimos orgullosamente, aunque es raro encontrar al que se defina con orgullo como mestizo; imposible, de hecho, mientras se niegue nuestra hispanidad o se acepte culposamente como nuestro lado oscuro. Imposible también mientras nuestro indigenismo sea el de los murales de Diego Rivera y no el de la realidad.

Eso es lo que somos los mexicanos, y eso es lo que son los gringos: mestizos. Simplemente se trata de un mestizaje con componentes diferentes. En México es la mezcla de español con amerindio; aunque con ese simplismo dejamos de comprendernos a nosotros mismos, ya que el español no es una sola cosa, pues el que vino para acá, predominantemente de Extremadura y de Andalucía, es una abigarrada mezcla de ibero, griego, romano, germano visigodo, judío y árabe. Cada uno de esos componentes es parte de nuestra herencia cultural.

Y los que estaban acá tampoco eran indios a secas, como lo simplifican muchos. Nahuas, mayas, otomíes, purépechas, yaquis, apaches y comanches (porque de esos también había en México, ancestros de los aztecas, por cierto), olmecas, huastecos, y toda la pléyade de etnias que hay en lugares como Oaxaca, que son ya un mestizaje multicolor en sí mismo. Cada uno de esos componentes es parte de nuestra herencia cultural.

Así es que el mestizaje mexicano es una mezcla de mestizos de aquí con mestizos de allá. Por eso es una joya. El mestizaje gringo es una mezcla del resto del mundo: ingleses, escoceses, holandeses, franceses, alemanes, suecos, irlandeses, italianos, turcos, griegos, eslavos, indos, chinos, coreanos, japoneses, mexicanos y latinos en general, más los que fueron sin que les preguntaran si querían ir: africanos, principalmente senegaleses. Por eso es otra joya.

El problema de gringos y mexicanos es que ambos niegan parte de su historia, derivado, como ya debe estar claro, de las historias que nos contamos de nosotros mismos. En México negamos en español nuestra raíz hispana, y acusamos a los gringos de tener a sus indios en reserva… Como si los de aquí vivieran en Santa Fe y con todas las comodidades.

Para eso sirve juzgar: para señalar y acusar a otros de las mismas faltas que cometemos nosotros, y de ese modo aliviar nuestra conciencia moral, que es una falsa conciencia. El primer mandamiento debería ser: “No juzgarás”, y no para no ser juzgado, porque eso ya es tratar a Dios como si fuera un mercader. No juzgar y punto.

Presumimos Teotihuacán, El Tajín y Chichen Itzá. Ése es el principal indigenismo, y único, de muchos mexicanos. Total, que de unos 25 millones de amerindios que había en Mesoamérica en 1521, cuando llegó Cortés, un siglo después no había más de 800 000. La diferencia es simple: a los ancestros de los gringos los mataron de manera deliberada; nuestros ancestros se murieron por epidemias y por exceso de trabajo. Aun así, hubo un gran mestizaje en el siglo XVI, étnico en aquel tiempo, y cultural desde entonces hasta hoy. Eso es México: mestizaje cultural. Sí, somos indios. Sí, somos hispanos.

Los gringos de hoy parecen haber olvidado que en algún momento del pasado llegaron a su tierra, a colonizarla, a conquistarla y a construir su país. Muchas veces tienen conflictos con los inmigrantes que siguen llegando en busca del sueño americano, y los que se consideran pobladores originarios, que no tienen conciencia de que sus propios antepasados migraron a ese territorio en algún tiempo no muy lejano del pasado, olvidan que ni los descendientes directos de los colonos pueden llamarse pobladores originarios.

En eso también somos hermanos de los güeros del norte: olvidamos. Ellos, por inconsciencia y por conveniencia, olvidan que llegaron de Europa. Nosotros, por negación y tergiversación, y por una historia de mitos y traumas, pretendemos que no llegamos del Viejo Mundo (por lo menos la mitad de nuestro ser), que hemos vivido aquí 3 000 años, que los olmecas son nuestros tatarabuelos, y que Moctezuma seguramente se apellidaba González, Rodríguez o García.

En Estados Unidos, la historia que se cuentan de sí mismos tiene algunos pocos antecedentes en los primeros exploradores, gran parte de ellos españoles. Es importante en su discurso histórico destacar su antagonismo con los españoles, pero se concentran en los primeros establecimientos comerciales del siglo XVII, específicamente en los peregrinos del barco *Mayflower*, en 1620, como los orígenes de su nación. Esa es la realidad histórica construida en el país, por más que no sea exactamente toda la verdad, sólo la verdad y nada más que la verdad, como les encanta decir en sus juzgados.

Así es que para comprender desde el principio cómo Dios creó a Estados Unidos, vayamos de nuevo al principio. Al principio fue Lutero, y uno de los reyes más famosos de la historia de Inglaterra: Enrique VIII, *el Todas Mías* Tudor, de quien ya debemos tener claro que no rompió con el papa para casarse con Ana Bolena, sino para consolidar su poder real.

Uno de los principales motivos del *Todas Mías* para divorciarse de Catalina de Aragón, fue la falta de un heredero varón. Es importante entender la realidad de entonces: un heredero varón significaba la estabilidad de todo un reino y la permanencia en el poder de la dinastía reinante. Mucho le había costado al padre de Enrique VIII, Enrique VII, llegar al trono mediante una guerra civil, como para que su hijo lo perdiera por la falta de un cromosoma Y.

Tenía una hija con Catalina de Aragón, María, conocida después como la Sanguinaria, pero quería un hombre. Como la Bolena le dio otra niña, la futura reina virgen Elizabeth, y como el matrimonio debía ser hasta que la muerte los separara, Enrique terminó violentamente su matrimonio decapitando a su mujer. De su tercera esposa, Jane Seymour, sí logró tener un niño, pero aun así tuvo otras tres esposas. Hay gente que no entiende a la primera… Ni a la tercera.

Enrique VIII no fue el creador de la Iglesia anglicana. Él simplemente rompió con el papado. Y aunque él y sus asesores, como Thomas Bolena, tenían ideas luteranas, tampoco se volvió luterano. El hijo que tuvo con Jane Seymour, el rey Eduardo, decidió adoptar la versión calvinista de la Reforma, originada en Suiza y más radical que el luteranismo. Era hora de ejecutar católicos por ser leales a un monarca extranjero, como lo que era el papa.

Su hija con Catalina también fue reina: María. El alias de "la Sanguinaria" lo obtuvo porque, como católica que era, decidió que todo el reino volvería al redil papal, y las hogueras ardieron en toda la isla ejecutando calvinistas.

Finalmente, su hija con la Bolena, la ya tan mencionada reina Isabel, fue la que instituyó, con apariencias católicas, doctrinas calvinistas, con ella a la cabeza: la Iglesia anglicana. Había llegado la hora de ejecutar católicos y calvinistas; los primeros por traidores y los segundos por herejes. La única diferencia era morir en la hoguera o en la horca.

Muchos ingleses estaban inconformes con la Iglesia anglicana, a la que acusaban de no haberse reformado a fondo, y de que sus convicciones eran una cuestión de política y no de fe. Algunos grupos clamaron por llevar a cabo reformas de verdad, que purificaran su Iglesia, razón por la cual se les conocía como *puritanos*. Algunos sectores terminaron por separarse de la Iglesia anglicana y llevaron el culto a su modo, de la forma que consideraban la más pura, la más adecuada y según la verdadera voluntad de Dios.

Al ser separatistas religiosos se convirtieron en traidores a la corona, ya que no aceptaban la supremacía religiosa del rey, que había sido establecida por la ley. En 1603 murió

Isabel y como su sobrenombre de Reina Virgen al parecer denotó la verdad de su condición, terminó la dinastía Tudor. Entonces tomó el trono Jaime I, de la dinastía Estuardo, quien, fiel al pensamiento de la época, intentó establecer un gobierno absolutista bajo la premisa del derecho divino de los reyes. Ésta y otras razones provocaron que el rey tuviera una serie de conflictos con los puritanos.

Dichos calvinistas puritanos fueron perseguidos por sus posturas religiosas, por lo cual en 1608 algunos de ellos decidieron migrar a Holanda en búsqueda de libertad de culto. Encontraron dicha libertad, pero no consiguieron buenos empleos. A esta precariedad económica se sumó el hecho de que a los puritanos no les gustó que sus hijos, y los miembros más jóvenes de la comunidad, fueran adoptando costumbres mucho más liberales, porque Holanda siempre ha ido a la cabeza en eso del libertinaje, y que incluso comenzaran a faltar a la Iglesia.

Con la idea de que el continente europeo ya estaba muy corrompido, decidieron cruzar el Atlántico con la esperanza de formar una nueva comunidad en un nuevo mundo, una comunidad según la voluntad de Dios. En 1620 emigraron a América a bordo del *Mayflower.*

Los establecimientos ingleses anteriores a 1620 eran de carácter empresarial, esfuerzos de iniciativa privada que establecían industrias en América para generar productos que no existían en el Viejo Mundo. Estos establecimientos eran empresas que contaban con una población inestable, la cual no se establecía durante todo el año; más bien era gente que no pretendía instalarse en América, sino que sólo viajaba para trabajar ahí y pensaba en algún momento volver a Inglaterra.

Por eso el actual discurso histórico de Estados Unidos toma como momento clave, mito fundacional de su país, la migración de los puritanos en 1620, calvinistas que salieron de Inglaterra y de los Países Bajos con rumbo a América, con permiso de la Corona inglesa, para establecerse de manera definitiva.

Es decir, a diferencia de las comunidades ya existentes, éste no era un establecimiento comercial, sino de un grupo de colonos que decidió salir del Viejo Mundo definitivamente, para instalarse en el nuevo territorio y generar ahí una nueva sociedad. Una versión muy amañada… tan amañada como la de los descendientes de los aztecas que encontraron un águila sobre un nopal devorando una serpiente, como señal divina de Huitzilopochtli de que debían establecerse en ese sitio.

Los puritanos iban en familia. Eran hombres y mujeres que pretendían trabajar en América para obtener su propia riqueza; mantenían lazos con Inglaterra, ya que finalmente se establecieron con permiso de la Corona en territorios que ya eran británicos, y para su supervivencia requerían del contacto comercial con su país de origen.

En el caso de los primeros asentamientos comerciales, se trataba de hombres ligados a la Corona, y en el segundo, de toda una pequeña comunidad cuya intención era precisamente desligarse de la Corona, aunque de momento no tuvieran la capacidad de hacerlo. Pero la idea de la separación respecto de Inglaterra no fue algo que surgiera hasta la época de la independencia, sino que ya estaba implícita desde la primera migración puritana de 1620… Al menos eso asegura la historia oficial de Estados Unidos; porque sí, también tienen una historia oficial. O mitos oficiales, por lo menos.

"Apretujados unos con otros en la cabina principal del barco, los pasajeros crearon el Pacto del Mayflower, que no era en realidad una constitución ni una declaración de independencia, sino un acuerdo para trabajar juntos por el bienestar de todos. Un pacto que significó la semilla del gobierno democrático de Estados Unidos." Lo anterior es una joya de la mitología gringa que aparece incluso en la página web del gobierno. Hay que recordar que los mitos no buscan verdades sino explicaciones, justificaciones, pretextos, apoyo a la identidad o, como en este caso, la legitimación histórica de un proyecto de nación. Episodio tan mítico como muchos mitos mexicanos, aunque, en definitiva, socialmente más funcional.

Después de 1620 hubo más migraciones de puritanos hacia América, así como también siguió habiendo establecimientos comerciales ligados a Inglaterra y a la Corona. Aunado a lo anterior, también había comunidades holandesas, suecas y francesas disputándose con las comunidades inglesas las costas de América del Norte, desde la Florida hasta Terranova.

Es decir, Estados Unidos no surgió sólo de la migración puritana de 1620; antes y después hubo otros establecimientos humanos, no todos puritanos y ni siquiera ligados cercanamente con ellos, pero sí unidos por el simple hecho de compartir una doctrina de tipo protestante. No, los gringos no son simplemente ingleses en América.

El que controla el pasado controla el futuro, y el que controla el presente controla el pasado, nos dice George Orwell. Es decir, el discurso histórico (el pasado) determina en gran medida el porvenir de un pueblo (el futuro); pero quien domina y tiene el poder en la actualidad (el presente) es el que organiza ese discurso histórico según sus intereses.

Este discurso es fundamental para el pensamiento del Destino Manifiesto: un nuevo pueblo elegido, los puritanos, que, guiados o enviados por Dios, llegan a una nueva tierra prometida, Norteamérica, y acuerdan un nuevo pacto sellado entre Dios y sus favoritos: civilizar al mundo, imponer sus ideas y su civilización, primero en su país, luego en su continente y finalmente en el mundo.

Volviendo a eso de que los mitos explican y justifican la historia, surge aquí una versión de la antigua y aristotélica pregunta del huevo y la gallina: ¿los gringos se hicieron tan ricos y poderosos por este tipo de pensamientos y por estos orígenes, o inventaron este pensamiento y estos orígenes para explicar su riqueza y su poder? Como en todas las preguntas circulares, la respuesta es un poco de las dos cosas.

Pero desde luego que sus pensamientos reformados, sus nuevas ideas para un nuevo mundo, generaron resultados novedosos. Mientras que en el sur de América, un mundo nuevo con viejas ideas, prevalecieron los viejos resultados. México sigue sin aprender de esta experiencia. Y aún vive en la eterna espera de que un día, sin cambiar las causas, los efectos sean distintos. Aristóteles se volvería loco en nuestro país… O, más bien, sería declarado loco por andar diciendo que para cambiar los efectos hay que cambiar las causas.

Como ya se ha planteado, Martin Lutero, en contra de la medieval concepción católica sobre el trabajo como castigo, planteó que trabajar era orar, y Calvino añadió que ese espíritu no servía si se entendía y se practicaba de manera individual: la salvación es colectiva. Sí, trabajar es orar, pero trabajar en comunidad; Dios está en la comunidad, los individuos deben ser miembros productivos de la comunidad y ayudar a la comunidad a ser productiva.

La pasión por el orden y la disciplina, por el trabajo y por el espíritu de colectividad, fue el legado protestante a la nación estadounidense. Calvino también estableció la predestinación como uno de los pilares de la fe: desde el principio de los tiempos Dios tiene todo escrito; es el Gran Titiritero que tiene en sus manos los hilos de todo lo que pasa en el mundo, de cada ser humano, de cada hormiga, de cada hoja que se mueve con el viento, y del viento mismo, desde luego. Algo similar a lo que hizo Stalin en la Unión Soviética, paradójicamente partiendo de la inexistencia de Dios. Tiene sentido: no hace falta un Tirano en el Cielo si ya tenemos un tirano más poderoso en Moscú. Pero ésa es otra historia, aunque desde luego forma parte de la misma estructura.

Y entonces todo está escrito desde el principio de los tiempos, sin cambios ni sorpresas hasta el final de nuestros días... Probablemente tanto aburrimiento existencial tenía al Dios calvinista de muy mal humor. La idea de que todo está escrito incluía el hecho de que la salvación de los seres humanos no dependía de sus actos ni de su fe, sino que todo era capricho del Señor, quien desde la creación definió quién era condenado y quién se salvaba.

El pecado original fue algo muy horrible, aunque hay que comprender que Dios ya sabía que dicho pecado sería cometido, lo cual resulta un tanto tramposo; tan monstruoso, horripilante y tremebundo, que nada de lo que haga el ser humano en su vida es capaz de limpiar, ni la más piadosa y aburrida de las vidas. En contraparte, ya estamos tan sucios y contaminados por ese pecado, que tampoco una vida de vicio y perdición puede agravarlo. Los seres humanos son una podredumbre, y Dios salvará a algunos, no porque lo merezcan, sino porque Él así lo decidió.

Lo difícil es comprender cómo una versión tan deprimente de la existencia pudo tener adeptos; pero siempre hay una maña. El dios calvinista ya tiene decidido quién se salva, y no cambiará de opinión, pues además de absolutamente sabio es absolutamente necio. Y a los destinados a la salvación les envía señales para que sepan que serán salvados. Dichas señales son básicamente la prosperidad económica y la riqueza. Es decir que los pobres, además de vivir el infierno en esta vida, se irán al infierno por toda la eternidad.

Aquí hay una reflexión marxista fundamental para entender todo: no son las ideas las que determinan la realidad material, sino la realidad material la que determina las ideas. Esto quiere decir que los calvinistas no son ricos por ser calvinistas, sino que son calvinistas por ser ricos. Más claro: los lugares más ricos y prósperos de aquella Europa se volvieron luteranos y calvinistas, y desarrollaron una nueva ética, un conjunto de ideas que justificara su riqueza, pues la ética de entonces, la católica, se dedicaba a enaltecer como virtud la pobreza.

Aquí nos topamos con un círculo que puede ser virtuoso o vicioso, del que es muy difícil salir; como en el caso de México, donde la ética guadalupana nos quiere pobres pero honrados. Como ya somos pobres, generamos ideas que enaltecen esa pobreza; en consecuencia, tenemos ideas que enaltecen la pobreza, de lo cual se deriva nuestra eterna condición de pobres. Eso sí, dadivosos a la hora de dar el diezmo que hace ricos a los rubicundos monseñores, a quienes no les interesa compartir las virtudes del pueblo.

Así pues, la Europa del norte ya era más rica y próspera que la del sur, la mediterránea; seguramente por el clima, que los obligaba a trabajar más para subsistir. La ruptura religiosa del siglo XVI simplemente generó dos éticas diferentes, basadas en el mismo pasaje bíblico, para justificar la realidad ya existente. Una trampa que Nietzsche define maravillosamente: hacer de tu necesidad una virtud.

Todo esto generó otro cambio fundamental: contra la concepción católica de la sociedad, donde el lugar de cada quien depende absolutamente de su nacimiento, de su nobleza, la concepción reformista establece una sociedad del mérito, donde el lugar de las personas depende de su productividad, de su trabajo y de sus aportaciones a la sociedad. Ahí existe otra diferencia fundamental entre las ideas gringas y las mexicanas.

En México, siguiendo la costumbre española, tenemos dos apellidos. Más atrás, en el pasado, podían ser cuatro o más, dependiendo de la cantidad de ancestros ilustres que hubiera en el linaje de los individuos, y que evidentemente tenían que ser presumidos; pues éstos no eran alguien por sí mismos sino por sus ancestros. De ahí también el origen de los apellidos compuestos: cuando alguien que se siente muy importante no le bastan dos apellidos simples y los junta… Como si ser, escribo al azar, Pérez-López y algo más tuviera más pedigrí que ser Pérez y López y nada más.

Lo anterior es muy notorio en los políticos mexicanos, que cuando tienen un apellido que consideran simple, usan los dos en su imagen pública, y cuando tienen uno largo, rimbombante, diferente, extraño o eufónico, usan sólo ése.

Uno no puede ser presidente o candidato y llamarse solamente Manuel Ávila, Adolfo Ruiz, Gustavo Díaz, José López, Enrique Peña o Andrés López… ¡Cualquiera se llama así! En cambio, puede dejarse un solo apellido si éste es Alemán, Echeverría, De la Madrid, o así más tipo extranjero como Fox. De uno largo y extraño como Zunzunegui, ni hablar. Todo lo anterior, desde luego, son ejemplos hipotéticos.

De ahí otro condicionamiento. Es muy común en México, más en unas clases que en otras, preguntar por el origen de una persona cuando uno escucha su apellido; así tipo: "Soy Fulanito Garza". "¿De los Garza de tal lugar?", pregunta el interlocutor, y a continuación viene el interrogatorio genealógico. Para saber quién eres, debo saber quiénes fueron tus padres, tus abuelos, etcétera. Tú no me dices nada, tú no eres nada. Tú eres tu pasado, tu linaje y tus ancestros.

Los gringos usan un nombre y un apellido. Casi todos tienen dos nombres, uno al que le llaman *middlename*, que sólo sirve para diferenciarse de otros con un nombre igual, pero que no suele usarse. Usan un apelativo y un apellido, preferentemente cortos porque son pragmáticos, y si su nombre es largo, emplean un apócope, es decir, una versión corta de ese nombre, aunque sean el presidente.

Ahí, cuando eres introducido en un nuevo círculo, te presentas: "John Smith". Y la pregunta inmediata casi siempre es la misma: "What do you do?" ("¿Y tú qué haces?"). ¿A qué te dedicas, cuál es tu actividad, cómo te ganas la vida, qué aportas a la sociedad? Para el gringo promedio eso es lo que importa. Da igual si eres descendiente directo de Chimalpopoca, de Pocahontas o del rey Jorge. Eso no me dice nada de ti. Lo más importante que puedo y quiero saber de ti es qué haces. Eres tus acciones, no tu cuna. Los Vanderbildt y los Rockefeller son más bien la excepción.

Ahí está la idea de nobleza que no desaparece de la mente mexicana. A la parte española de América llegaron españoles que querían ser nobles (porque muy hispana y mexicanamente la nobleza se compra), y a la América anglosajona llegaron personas del resto de Europa que querían ser prósperas... y libres de la pamplina esa de la nobleza.

El trabajo como oración, la productividad como salvación. Es, como siempre, un discurso, una ideología, pero una ideología muy funcional. La religión convertida en sociedad y sociología, en economía e ideología. No es de extrañar que esos gringos puritanos hayan sido los que inventaron el reloj despertador y la idea de cambiar el horario en verano para aprovechar más el tiempo de trabajo. Así es, además de robarnos el territorio, nos cambiaron el horario.

El que puede ser rico y no lo es, es un pecador, decía Calvino, porque está desperdiciando los dones de Dios. Otra idea revolucionaria de Calvino consistió en abolir la prohibición católica de la usura y el lucro: ¿hay alguna razón para que las ganancias obtenidas de los negocios no sean mayores que las obtenidas de la propiedad de la tierra? Esta sentencia implica una revolución, pues le quita a la nobleza el monopolio de la generación de la riqueza y se la entrega al hombre común.

Las ideas pueden empoderar, pueden mantener el poder, pero también pueden arrebatarlo. La idea medieval católica de prohibir la usura y, por ende, pretender que la riqueza venga de la propiedad de la tierra, en realidad es una ideología económica para que no se revierta el orden social. Por eso la propuesta calvinista es una revolución. Pretender que los negocios puedan enriquecer a la gente aunque no posea tierras significó abrir la puerta a un nuevo orden social. Pero aquí no soltamos aquello de que la tierra es de quien la trabaja.

La tierra y su riqueza se poseen por nacimiento y por herencia, pero la riqueza del trabajo y de los negocios es un mérito propio de las personas. Y ese mérito propio es el que debe determinar el lugar social. Eso es, de hecho, el fundamento de la llamada sociedad de clases: la idea de la movilidad, hacia arriba desde luego. El medievalismo mexicano en ese aspecto es evidente. De nuevo, ahí está la condena y el ataque al "nuevo rico", y la insensatez esa de que la mona, aunque se vista de seda, mona se queda.

Todo ese paquete de ideas es el origen de la prosperidad americana. La idea contraria, la medieval y católica, es el fundamento de nuestra ausencia de prosperidad, otro patrón arrastrado desde la Edad Media, un patrón afianzado por la monarquía hispana, única dueña de la tierra. De ahí también que en toda América Latina no termine de arraigar el Estado de derecho y el derecho a la propiedad, y que los gobiernos, cual monarquías, arrebaten la propiedad a los individuos con la mano en la cintura. Poco importa también que esa práctica lleve por lo menos cien años resultando improductiva.

La Corona impide poseer tierras legalmente, y la Iglesia impide moralmente lucrar en los negocios. Así es como la Iglesia y la Corona se enriquecen con el trabajo de todos. Y eso ha cambiado muy poco en México. De hecho se puede traer hasta el siglo XX y el XXI: si la Corona es propietaria de las fuentes de riqueza, sólo la Corona se enriquece explotando a los demás; si el dueño es el Estado, pasa exactamente lo mismo, sin importar los discursos ideológicos que tanto abusan de la palabra *pueblo*.

La riqueza de la migración

La migración no sólo es un derecho natural e inalienable; también es la causa de nuestra evolución como especie y, además, es una buena idea. Migrantes de diversos rincones del mundo y de distintas culturas propician multiplicidad de ideas. Y ése es de hecho el origen de que el primate consciente que somos se haya hecho tan inteligente, aunque a veces no lo parezca. A mayor migración, mayor conocimiento y más desarrollo. La historia no miente, y eso es así desde el origen mismo de las civilizaciones. De hecho, ése es el origen de las civilizaciones.

Podemos ir atrás, mucho más allá de la migración trasatlántica y masiva que comenzó en el siglo XVI entre los dos mundos de los que estamos hablando. La historia de los flujos migratorios, determinados en gran medida por el clima, la hidrología y la orografía, marcó el desarrollo de las civilizaciones y es la respuesta a la pregunta de por qué ese cinturón que abarca la cuenca del Mediterráneo, el Medio

Oriente, el Indostán y el Asia Pacífico tuvo un progreso sin precedentes y generó más transportes, armas, herramientas y todas las cosas que han marcado las eras de la cultura humana.

Los seres humanos migran en busca de mejores condiciones de vida, para lo cual no deben olvidarse de la subsistencia. Por eso los grupos de humanos en movimiento comenzaron a desplazarse siguiendo el cauce de los ríos. El agua es vida. La otra fuente de vida, que finalmente depende del agua, es la agricultura y la alimentación en general. Todo lo anterior depende muchísimo del clima, que cambia mucho de sur a norte aunque es muy parecido de este a oeste.

Así pues, los seres humanos comenzaron su periplo por el globo siguiendo ríos, su fuente de vida, y tratando de hacerlo entre este y oeste, y no de norte a sur; pero para eso dependían del gran obstáculo migratorio anterior a la "migra" de los gringos: las cadenas montañosas, las únicas barreras naturales, que en esa gran masa continental que es Eurasia corren precisamente de este a oeste en la mayoría de los casos, no como en América que lo hacen de norte a sur, dificultando el flujo migratorio. Eurasia se extiende de lado a lado mientras América lo hace de arriba hacia abajo. Esa fue una gran diferencia.

Así es la teoría del caos de la historia: desde que las placas tectónicas se movieron para formar océanos y continentes, quedaron delimitados los flujos migratorios, y con ellos la capacidad de intercambio cultural entre diversos grupos. Una vez que la humanidad dejó su cuna africana siguiendo el río Nilo, en este caso de sur a norte, sus posibilidades de movilización fueron enormes.

Los grupos humanos se extendieron por la gran masa euroasiática de lado a lado, de océano a océano, con muchísima menos variación climática que si lo hubieran hecho de polo a polo, como en América, donde además las cadenas montañosas lo impidieron de costa a costa. La población aumentó más rápido en el primer caso, pues los individuos dejaron muy pronto su aislamiento y comenzaron a compartir, no siempre por la buena, desde luego, ideas, conocimientos, semillas, animales, armas, herramientas, descubrimientos y bacterias.

Las civilizaciones americanas padecieron más aislamiento. Ésa y sólo esa, sin nada genético de por medio, es la razón de su "atraso", en comparación con el otro mundo, tan interconectado. Mientras más sinapsis hay en el cerebro humano, hay más conocimiento y más inteligencia. Algo muy parecido ocurre con el planeta. Las sinapsis euroasiáticas fueron inmensas, mucho más que las americanas. Ni siquiera cabe hablar de superioridad o inferioridad con base en conceptos europeos como Edad de Piedra o Edad de Hierro, pues cada civilización se desarrolla como su entorno lo exige y lo permite. Sólo eso.

El punto central de esta tesis es que la migración genera intercambio de conocimientos y de ideas, y por lo tanto propicia más desarrollo. Por eso, la migración, además de ser un derecho natural, es una buena idea. La mayor parte de las migraciones en la historia de la humanidad fueron espontáneas, sin que un grupo supiera a dónde iba a ciencia cierta; pero las migraciones hacia América fueron realizadas con conocimiento de causa... Y ahí también influyeron de manera determinante los paquetes de ideas del hispano católico medieval y del anglosajón protestante y moderno.

A la América española vinieron españoles. Nada más. Españoles que migraron con todo su pasado y trajeron para acá la Edad Media que estaba terminando en Europa. Hicieron viejo el nuevo mundo y prolongaron el medievalismo durante trescientos años. A la América anglosajona viajó eventualmente el resto de Europa y luego el resto del mundo, no sólo con nuevas ideas, sino de hecho huyendo en gran medida de las ideas viejas. Ellos hicieron muy nueva la parte del nuevo mundo que les tocó habitar.

En contra de lo que podría pensarse, muy pocos españoles vinieron a América: la despoblaron pero no la poblaron. En 1530, apenas nueve años después de la conquista de Tenochtitlán, sólo había unos 20 000 españoles en medio de millones y millones de indios que comenzaban a morir de viruela y por contaminación de mercurio en la sangre por causa de su exposición en el proceso de extraer plata de las minas. Un siglo después había 60 000 españoles... Pero entonces sólo quedaban unos 750 000 nativos.

¿Por qué no vinieron los españoles por cientos de miles para enriquecerse con el tesoro americano? Por las ideas: a final de cuentas todo era del rey. No obstante, cientos de miles de ingleses migraban a Norteamérica porque ahí sí podían enriquecerse. ¿Por qué no iban españoles a la América anglosajona? Porque no había oro y plata, y en su paquete de ideas ésa era la única riqueza. ¿Por qué no venía gente del resto de Europa a la América hispana, tan rica? Porque no querían enriquecer más a la monarquía española... Y porque estaba prohibido hacerlo.

Así es: sólo los súbditos de los Habsburgo podían venir a la América española, cosa que no interesaba a los alemanes, que de hecho migraban al norte para escapar de las ideas arcaicas de aquella familia. Otra cosa más: los Habsburgo se erigieron como los grandes defensores de la fe católica y gran parte de los migrantes europeos huía precisamente de esa persecución religiosa.

En Nueva España durante toda su historia, y luego en México hasta 1861, era obligatorio ser católico y nadie que no lo fuera era bien recibido. Por increíble que parezca aún hay países de América Latina en los que, para ser presidente, es indispensable ser católico.

París bien vale una misa, les diría Enrique IV de Francia, quien se convirtió al catolicismo para poder ser rey. Nadie que temiera a la Inquisición hubiera pensado venir a la inquisitorial Nueva España. Y eso no cambió en el inquisidor México hasta tiempos de Benito Juárez. No es que México sea hoy mucho menos inquisidor, sólo que, afortunadamente, sólo lo es por tradición y no por ley.

No es que en Norteamérica recibieran felizmente a los migrantes, pero no había prohibición de la Corona inglesa para que la gente arribara a ese territorio por cuestiones religiosas. Más bien eran las costumbres de ciertas comunidades las que impedían recibir a quien pensara distinto a ellas. Eso tampoco ha cambiado mucho en los Estados Unidos de hoy.

Los puritanos, entonces y hoy, eran fanáticos recalcitrantes que no permitían una sola idea disidente. En contraparte, había otras comunidades, como los cuáqueros, que recibían a todo aquel que quisiera trabajar para mejorarse a sí mismo y a la comunidad. De hecho, en las colonias cuáqueras no había esclavitud desde entonces.

En los bosques de William Le Penn, que es lo que significa Pennsylvania en honor al ego de su fundador, desde 1680 se captaba a migrantes con propaganda para que viajaran a esa colonia a trabajar por la prosperidad individual y común. El gobernador Le Penn hacía y repartía folletos en varios idiomas, en los que ofrecía tierras, y con ellas, oportunidades, trabajo, libertad y tolerancia religiosa. Todo esto mientras estaba prohibido a los extranjeros entrar a Nueva España... Miedo al de afuera que heredamos en México hasta la actualidad. Extranjía es el lugar de origen de Masiosare.

En esa y en otras colonias, los sirvientes escriturados, una vez terminado su contrato y alcanzada la libertad, recibían un mínimo de 40 hectáreas de tierra, con título de propiedad privada y derecho a heredar. En Nueva España sólo se podía aspirar a una merced real, una tierra que los individuos podían trabajar y de la cual podían ser usufructuarios, pero que bajo ninguna circunstancia era suya.

Exactamente lo mismo que un ejido, por más que la historia que nos contamos de nosotros mismos nos diga que esa era una idea novedosa de nuestra Constitución. Hablando de pocas novedades, en tiempos virreinales la riqueza del suelo y del subsuelo, con base en la plata sobre todo, era propiedad de la Corona, así como el petróleo, que es de la nación, es decir, del Estado... Es decir, de los políticos que lo tienen como rehén.

El asunto medular aquí es que así como el ambiente de Nueva España era inquisidor, el ambiente en general en las colonias británicas era de bienvenida, con discriminación, evidentemente —lo cual apenas comienza a cambiar hoy en día—, pero todos podían arribar a su territorio. De hecho, muchos migrantes se discriminaban entre sí, pues comunidades que ya se odiaban en Europa llegaban a odiarse en América.

La actitud norteamericana generó mezcla y crecimien to de conocimientos. Al contrario, la actitud hispana generó estancamiento de ideas. En el siglo XXI Nueva York es lo más parecido que existe a una capital del mundo: más de 40 nacionalidades, docenas de idiomas y prácticamente todas las creencias religiosas conviven ahí en relativa paz. Comunidades que se odian y se aniquilan en el resto del planeta comparten una misma isla de prosperidad y de excesos.

Todo eso, desde luego, también tiene su origen histórico, y seguramente tiene su explicación en que, en un inicio, fuera colonia de los Países Bajos y no de Inglaterra. En Nueva Holanda, como se llamaba entonces, había docenas de nacionalidades, lenguas y religiones, todas respetadas mientras acataran el ideal común: la prosperidad a través del trabajo.

Desde entonces se comenzaba a soñar por allá eso que luego se llamó el sueño americano por acá, que tristemente, en el siglo XXI, es la pesadilla de muchos. Es muy conocida la definición de Norteamérica que escribió un migrante francés, Jean de Crevecoeur: "Los norteamericanos son una mezcla de ingleses, escoceses, irlandeses, alemanes, holandeses y suecos. De esta casta promiscua ha nacido esta raza norteamericana. Es norteamericano quien, dejando atrás todos sus principios y modales, recibe nuevos de la nueva manera de vivir que ha abrazado, del nuevo gobierno al que obedece y del nuevo rango que tiene".

De ahí la necedad de migrar pero aferrarse a una identidad. La patria está donde se encuentra el pan: ése es el motor de todos los migrantes. De ahí la importancia de migrar sin ataduras, sin falsas estructuras, sin ideologías… Migrar sin el pasado a cuestas.

MIENTRAS TANTO

EN EL CIELO…

La mente humana es un artilugio maravilloso y fascinante, un objeto fantástico de la evolución, un mecanismo de supervivencia perfecto... Pero sirve sólo para eso: para sobrevivir. Para eso existe, pero para nada más. El problema comienza cuando los seres humanos se identifican con su mente, cuando piensan que ellos son su mente. Un error que cometió Platón y que ha sido arrastrado por toda la cultura occidental. Cuando eso sucede, la mente toma el poder... Y entonces, el mecanismo desarrollado para la evolución y la subsistencia de la especie humana puede llegar a ser absolutamente destructivo.

Sin la mente, el ser humano no hubiese bajado de los árboles, y mucho menos se hubiera dispersado por el planeta; habría sido incapaz de construir herramientas y de hablar. La mente aprende, eso es lo que hace; graba las experiencias del pasado para poder responder a los conflictos que presenta el futuro.

Un ser humano golpea una piedra con otra piedra o con un hueso, y la parte. La mente registra ese fenómeno y ahora lo conoce, puede repetirlo y utilizarlo a favor de la supervivencia cuando se presente un reto o un peligro. Por increíble que parezca, desde hacer puntas de flecha hasta liberar el poder del átomo depende exactamente del mismo mecanismo. Para eso es la mente.

La mente registra el pasado, lo almacena, y lo proyecta hacia el futuro. Al hacer esto la mente genera esa ilusión que llamamos pasado y futuro. El tiempo es un producto de la mente: sólo hay que ver el resto de la existencia, pasándola tan bien, sin prisa y sin tiempo, sin estrés, sin depresión porque no hay pasado, y sin ansiedad porque no hay futuro, y, lo más importante, sin el agobio de que mañana va a ser lunes.

Esto es así porque la mente funciona con base en esa maravillosa invención humana que es el lenguaje, que no es otra cosa que una forma de simbolizar la realidad para poder compartir experiencias y conocimientos con los demás seres humanos, sin lo cual tampoco habría habido subsistencia de la especie.

El lenguaje son las palabras, sonidos que representan algo, que significan algo. Significados que otorga la comunidad de hablantes. El lenguaje y, por lo tanto, la mente, es binario: asume la realidad en forma de contradicciones, como arriba y abajo, calor y frío, izquierda y derecha, y, desde luego, pasado y futuro.

El problema se presenta cuando los seres humanos, identificados como están con la mente, comienzan a pensar que esas palabras, y los conceptos a los que se refieren, son la realidad en sí misma. Es un conflicto, entre otras cosas, porque esos conceptos tienden a ser estáticos, como de piedra, mientras que la realidad es absolutamente líquida… Y el ser humano se aferra a esos conceptos, a fin de cuentas inventados por él.

Todo lo que puede pensar la mente humana depende de los símbolos, principalmente de esos símbolos que son las palabras. Todos los conceptos están atados a una palabra, lo cual quiere decir que lo que piensa el ser humano depende de las palabras, y las palabras son, todas, una invención humana, esto es, que todos los conceptos pensables fueron inventados previamente por ese ser humano. Obviamente, comunidades aisladas desarrollaron idiomas diferentes, es decir, distintas formas de simbolizar el mundo.

Lo anterior viene a cuento porque el ser humano, identificado con su mente y con su proceso de pensamiento, cae en el engaño de creer que los conceptos abstractos son realidades; más aún, que sólo *sus* conceptos son reales y los de los demás no lo son. Entonces está dispuesto a defenderlos, pues la mente reacciona ante las amenazas, tanto las reales como las imaginarias. Esto también significa que los seres humanos son fácilmente manipulables por medio de dichos conceptos abstractos e inexistentes, como *pueblo*, *nación*, *patria* o *Dios*...

—¿Que qué? —exclamaron Juanito y Johncito al unísono, interrumpiendo de ese modo el discurso del mismísimo Dios—. ¿Cómo que inexistentes como Dios?... O sea, como Tú. Dios no puede decir que Dios no existe.

La carcajada divina resonó en toda el universo.

—No dije que Yo no exista —aclaró el Señor—. ¡Qué ridículo y absurdo sería eso! Estoy diciendo que el concepto de Dios que tienen los seres humanos sólo es eso, un concepto, y que nada tiene que ver Conmigo. Yo Soy, ¿recuerdan?

No soy algo, simplemente Soy… Es decir, Soy la existencia, y ésa existe desde siempre y es inconmensurable e infinita. ¿Cómo sería posible explicar algo así, con algo tan limitado, inventado por los seres humanos hace apenas unos cuantos miles de años, como es el lenguaje? Soy inexplicable… Por lo menos para la mente y para el lenguaje. Soy inefable, es decir que no hay palabras para describirme… Por lo menos no utilizadas de manera lógica y racional. No soy lógico ni racional. Sólo Soy, ya saben, como dicen que le dije a Moisés: "Soy el que Soy". No es tan difícil ni tan profundo. Todo lo que hay que hacer es dejar de hacer teorías sobre Mí, conceptos mentales, y simplemente experimentarme, lo cual sólo es posible cuando se deja de usar la mente.

No es que Juanito y Johncito hubiesen entendido mucho con aquella explicación, pero cómo pedirle aclaraciones a Dios, sobre todo cuando está dando un sermón precisamente acerca de que Él no tiene explicación.

—¿O sea que no tienen razón ni los católicos ni los calvinistas? —inquirió Johncito.

—¿Ni los mexicanos ni los gringos, como quien dice? —agregó Juanito.

—Ni ellos ni nadie; nadie que aventure teorías sobre algo que no es teórico. La humanidad quedó atrapada por la mente y es necesario que se libere de ella. La mente produce teorías sobre la realidad, y luego los seres humanos no ven la realidad, sino que la filtran a través de sus teorías… Por eso no captan lo que *es*; sólo le dan vueltas a sus conceptos, como un hámster en una rueda giratoria. La mente absorbe todo lo que recibe durante sus primeros años, como hasta los siete de edad de las personas, recibe todo sin filtros, y luego, el resto de su existencia, los siguientes 70 u 80 años, simplemente rechaza todo lo que no se ajusta a lo que aprendió desde el principio.

—Francamente yo creo que esa creación tuya sí te quedó un poco mal, Dios... Con todo respeto —dijo Johncito.

Y la carcajada divina volvió a impregnar el universo.

—No me quedó mal. La mente no es el problema —respondió Dios—. El único inconveniente es aferrase a ella y a sus conceptos; porque de sus entrañas surge un subproducto: el *ego*... Ya saben, esa idea tan humana de ser un *yo* separado del resto de la existencia, que en realidad es una unidad indivisible.

—¿Y eso por qué sucede? —interrogó uno de ellos—. La verdad es que es una dicha total ser uno mismo con la existencia: una unidad. No entiendo por qué alguien querría separarse.

—Para resolver problemas, la mente analiza —contestó Dios—. Y analizar básicamente es dividir, partir, romper. Esa acción era necesaria para la supervivencia de la humanidad... Además tiene su lado muy positivo, pues provee una experiencia que sólo los humanos pueden experimentar: con plena conciencia pueden volver a ser uno con el todo; ya saben, entrar al paraíso. El resto de la existencia vive en el paraíso pero no lo sabe. Sólo el ser humano tiene esa facultad.

—¿Pero eso de la expulsión del paraíso no tiene que ver con el pecado y con Satanás? —preguntan al unísono los querubines.

Ahora sí, la existencia misma, así de inconmensurable como era, no bastaba para contener la risa de Dios, es decir, de Sí misma.

—Angelitos míos —respondió el Señor—, creo que han estado mucho tiempo en la Tierra y se han paseado demasiado por la Edad Media y por sus vestigios. Del paraíso fueron expulsados por sí mismos a causa del *ego*. Satán y el infierno son lo mismo, y ambos no son otra cosa más que el *ego*, que es el obstáculo para experimentar la unidad. Y eso es lo que significa Satán: obstáculo.

—Oye, Dios —dijo Juanito—. Tengo una duda: ¿no podría haber alguien muy mañoso, así con buena labia y malas intenciones, que haga y promueva una teoría que sostenga que sobre Ti no se pueden hacer teorías... Ya sabes, un sistema de creencias que diga que no hay que tener sistemas de creencias?

—Todo es posible —respondió el Señor—. Si hay quien dice que Yo dicto libros, todo es posible. Como si Yo hablara y tuviera un idioma.

—¿Y entonces?

—Bueno, ese es otro problema de la mente y de las ideas: cada idea puede ser negada, pues toda idea tiene su contrario... Por eso la mente no se detiene; por eso siempre duda, y por eso los seres humanos que se identifican con ella, y se aferran a ella, sufren. Pero en la existencia no hay contrarios. Lo que la mente ve como contradicciones simplemente son complementos. La realidad no se contrapone sino que se fusiona.

—Pero te estás yendo por la tangente —dijo Juanito—. Haces como que la virgen te habla, como dirían en México.

—Es fácil: duden de los que intenten anular su individualidad. Busquen sin filtros ideológicos. Que cada quien busque de manera individual. Que cada quien tome lo que le sirva. Y lo que sirve es lo que le hará feliz. Eso es lo único que importa. Cualquiera puede tener la razón, cualquiera puede estar equivocado. El asunto medular de esta discusión está en no comprometerse con las ideologías sino con las personas. Tomen lo que les funcione y listo. Es así de fácil... Y miren cómo es esto de que la mente divaga, que no hemos hecho nada más que divagar. Ustedes ya tienen que regresar a la Tierra y a la historia, y no me han dicho nada de lo que han aprendido.

Los dos ángeles se miraron el uno al otro sin muchas ganas de ser el primero en hablar.

—¿Qué ocurre? —preguntó Dios—. ¡No me van a salir con que no tienen nada que decirme!

—Bueno, dijo Juanito, pensábamos que traíamos buenas ideas para comentar, pero después de este choro sobre la mente y las ideas... Ahora tenemos la impresión de que estamos equivocados... Bueno, de que sólo hablaremos de nuestras ideas, y, por lo tanto, pueden estar bien o pueden estar mal.

—Eso ya es un aprendizaje en sí mismo —respondió el Señor—. Siempre hay que cuestionar las propias ideas. Si no lo hacemos, estaríamos muertos. Por eso es importante tener ideas, que son individuales, pero no ideologías, que son colectivas. Si la realidad cambia también deben cambiar las ideas, y lo más importante: si cambia la realidad personal, también deben cambiar las ideas personales.

—Eso que dicen de que es de sabios cambiar de opinión... —agregó Johncito.

—No sé si sea de sabios cambiar de opinión —respondió el Señor—. Lo que sí sé es que es de necios e insensatos no hacerlo. Y una vez más ahí está la mente y el *ego*, y la necia idea inculcada en casi todas las culturas humanas acerca de que hay que casarse con las ideas, debatirlas y defenderlas a muerte. "Tú no eres tus ideas." Así que, adelante, díganme que han reflexionado.

—Bueno —se animó Johncito—. A mí como gringo me molesta mucho que los mexicanos…

—¿Gringo, Johncito? —interrumpió Dios—. ¿Mexicanos? Que no habíamos superado ya los estereotipos.

—Pues sí, Dios, pero qué se le va a hacer. Estoy metido en el papel y la verdad es que a mí como gringo me molesta que los mexicanos vengan a Estados Unidos y no se adapten. Además, no sé para qué vienen. Todo lo aprendido hasta ahora yo lo resumiría así, y creo que a los mexicanos les vendría bien reflexionarlo: definitivamente hay que migrar sin el pasado a cuestas.

Migrar sin el pasado a cuestas

Una de las peores cosas que puede hacer una persona es cargar con su pasado todo el tiempo hasta el final de sus días. Ésa es la peor carga, el peor lastre posible, tanto si el pasado es bueno como si es malo, nefasto o glorioso, o si es real o es mítico.

En toda migración hay un anhelo: la gente migra para buscar una vida mejor; por eso migraron los españoles a América, por eso migraron los perseguidos religiosos a las colonias británicas, y por eso migran muchos mexicanos a Estados Unidos. En busca de la felicidad.

Pero los españoles que migraron a América llevaron con ellos su pasado, y todo lo que hicieron fue replicar en el Nuevo Mundo la miseria de sus viejas estructuras. Para su fortuna, encontraron oro y plata; de lo contrario, no hubiera habido esperanza para ellos. Los peregrinos ingleses y holandeses también huían de un presente que les resultaba intolerable, pero hicieron algo distinto: comprendieron que el Viejo Mundo los condenaba a las viejas ideas y entonces viajaron al Nuevo Mundo precisamente para vivir con nuevas ideas.

Los mexicanos, y los latinoamericanos en general, han sido educados en la católica versión de venerar la pobreza, como una virtud que se opone al vicio del materialismo. Pero a fin de cuentas, quien deja su tierra, su hogar y sus raíces para migrar a Estados Unidos evidentemente está tratando de dejar atrás esa "virtuosa" pobreza y arañar algo del sueño americano, que en términos pragmáticos es la idea de que el trabajo genere riqueza y bienestar.

Muchos migrantes lo abandonan todo al salir de su patria, pero se olvidan de dejar atrás lo más importante: su pasado. Otros, afortunadamente para sí mismos, es lo primero que desechan. Estos últimos son los que logran alcanzar el sueño de riqueza y bienestar, mientras que los otros sólo experimentan un cambio: miden su miseria en dólares en lugar de en pesos, soles, bolívares, o como sea que llamen a su moneda.

Algunos mexicanos han vivido una o dos décadas en Estados Unidos y aún se lamentan, aún extrañan su comida típica, añoran su estructura (o desestructura) social, se asumen como desarraigados y difícilmente pronuncian dos frases en inglés. Su pasado viajó miles de kilómetros con ellos, y sin importar a dónde vayan, ese pasado les impedirá progresar. Pueden ser ciudadanos del mundo, pero algo en su mente les dirá que tienen la obligación de ser sólo mexicanos. Ser mexicanos, o de la nacionalidad que sea, y ser globales, no tiene por qué ser un asunto mutuamente excluyente.

Para muchas personas el problema gira en torno a la pérdida de la identidad. Viven con la idea de que aquello que eran en el país que dejaron era mejor, aunque su condición los mantuviera en la pobreza, y que el lugar al que han llegado es intrínsecamente inferior, aunque allí la prosperidad sea un sueño posible. Quieren ser libres pero tienen miedo de salir de su prisión.

En México se habla de la identidad como algo vital, pero los mexicanos no se dan cuenta de que su obsesión por esa mítica identidad es un lastre que los limita. Identidad significa "ser idéntico"; es decir, es algo abstracto e insustancial que presuntamente tienen en común todos los que comparten el imaginario colectivo de una nación, formas culturales que los hacen "idénticos" entre sí, pero que también hacen que muchas mentalidades del siglo XXI sean idénticas a las del XIX.

El mexicano teme cambiar por miedo a perder su identidad, sin darse cuenta de que la idea de identidad ata a un pueblo y lo condena a vivir alejado del progreso. El miedo a perder la identidad es un temor a perder el ser, cuando en realidad el único y verdadero ser de cada individuo se encuentra bajo múltiples capas de identidad, de constructos culturales, de estructuras falsas. Así, para no dejar de ser lo que es, el mexicano no modifica sus ideas, por eso no cambia sus hábitos.

La identidad mexicana es como una pieza de museo: se mueve entre la historia del indigenismo mítico y los estereotipos del cine de la época de oro: el charro, el mariachi, el tequila, el maíz, los tacos, el guadalupanismo, la madre estilo Sara García, viuda de García, un mexicano que resulta una fusión de los estereotipos de Cuauhtémoc y Pedro Infante, la romántica imagen del México rural del Bajío en tiempos del presidente, con dos apellidos, Manuel Ávila Camacho.

Permanecer "idénticos" a una imagen del pasado es una condena de muerte. El migrante debería aceptar que si deja su patria y su hogar es porque éstos están lejos de ser el rincón idílico que su mente anquilosada le dice que son, y que si migra a Estados Unidos es porque aspira a algo del bienestar que dicha sociedad, con sus ideas, es capaz de generar.

Pero no se pregunta qué hace más próspero a ese país en relación con el resto del continente, o se queda con la idea de que el gringo tiene lo que tiene porque le robó al mexicano; que todo el que tiene más, lo tiene porque ha despojado arteramente al que tiene menos, por lo cual migra a Norteamérica a exigir justicia social, retribución, que se le devuelva lo robado.

Lamentablemente esa idea es común a toda América Latina, un mundo multicolor condenado por sí mismo a palidecer hasta morir por causa de sus ideas, encerrado en su solitario laberinto lleno de mariposas amarillas, niños con cola de cerdo, y mucho, muchísimo resentimiento; un mundo que eternamente busca cómo exculparse de sus fracasos, lo cual logra culpando a españoles, ingleses y gringos por dejar el continente con las venas abiertas.

Difícilmente el mexicano se plantea una versión menos ombliguista. Además, no se detiene a reflexionar si el país tiene los recursos, el talento y la gente trabajadora, o si en realidad existe algún tipo de superioridad genética o biológica en los gringos. Pero la única respuesta de esa supuesta superioridad está en las ideas. Entonces migra en busca de una nueva vida, pero comete el error de llevar en su equipaje sus viejas ideas.

El conjunto de conceptos sobre los cuales se fundó Estados Unidos es el que lo hizo próspero desde su nacimiento. Y esa sociedad desarrollada por anglosajones, protestantes, ilustrados, liberales y burgueses, atrajo a masas de migrantes de todo el mundo en busca de una utopía. Así, con las ideas de unos y el trabajo de otros se construyó Norteamérica.

De igual manera, son las ideas de sus habitantes las que hunden a México en el pasado y en la pobreza. Por eso, es lo primero que se debe dejar al migrar en busca de una vida mejor. Si una persona deja Guatemala, Bolivia, Ecuador o México, pero se lleva con ella sus ideas anquilosadas, todo lo que hará será replicar ese pedazo de Guatemala, Bolivia, Ecuador o México en suelo estadounidense. Si al comienzo de su viaje en busca de una mejor vida comienza por dejar su pasado, es posible que al llegar a una tierra de ideas distintas, que son las que forjaron el sueño americano que persigue, pueda participar de dicho ensueño sin que se torne pesadilla.

La historia no engaña: el nivel de riqueza y desarrollo que había en América en el siglo XIX, la centuria de las independencias, era básicamente igual desde Canadá hasta la Patagonia. El continente entero es rico en recursos y no existe una superioridad genética de ninguno de sus países. Así pues, no queda más que aceptar que ideas más modernas generan sociedades más modernas, o seguir culpando a Estados Unidos de todas las desgracias latinoamericanas y pretender que es posible llegar a ser la primera potencia mundial por pura casualidad.

El latinoamericano en general puede seguir regodeándose con la idea de que fue objeto de despojo, con la culpa histórica, con el eterno lamento que evidentemente no ofrece solución a sus problemas, porque aún sostiene que el problema y todas sus causas vienen de fuera. Puede vivir odiando al gringo con base en su patrioterismo barato que nada resuelve, o puede hacer lo que hicieron los japoneses, quienes a pesar del rencor, consecuencia de las dos bombas atómicas gringas arrojadas a su territorio, decidieron imitar, igualar y superar el modelo de desarrollo norteamericano. El tema no es si lo logran o no. Al intentarlo generan prosperidad para todos. Y no por eso se deslindan de su pasado milenario, del que están orgullosos, pero no se esconden en él.

El pasado no existe; sólo permanece en los recuerdos y en la nostalgia. Sólo existe el presente y, según lo construyamos, podremos forjar un futuro.

—¡Muy bien! —dijo Dios, sonriente como es—. Muy bien, Johncito... No es que esté de acuerdo contigo en todo lo que piensas, pero, como lo hemos dicho, son sólo ideas. Me gusta que hayas superado la idea de que los gringos no son elocuentes ni articulados. En realidad me sorprendes, porque sí, la verdad es que los gringos son muy escuetos al hablar, sobre todo si los comparas con los mexicanos.

—Pues a mí no me gustó tu análisis —declaró muy irritado Juanito—. Estoy de acuerdo en eso de migrar sin el pasado a cuestas, pero no me gusta ni tantito cómo hablas de los mexicanos, pues, de paso, te llevaste de corbata a los latinoamericanos en general.

—Pero si yo no dije nada malo de los mexicanos ni de nadie —respondió asombrado Johncito.

—Ah, claro que sí; criticaste todo, nada te gusta, todo lo hacemos mal, según tú.

—Yo no critiqué a nadie —volvió a decir Johncito—. Sólo hablé y di mi opinión sobre muchas de sus ideas...

—Pues es lo mismo —interrumpió Juanito, que seguía muy molesto—. Son nuestras ideas; si las criticas, nos criticas a nosotros.

—¿Acaso no acabas de escuchar el discurso divino sobre eso de que tú no eres tus ideas? Si aplica a los individuos, supongo que también aplica a los pueblos.

—Justo así es —interrumpió Dios—, es exactamente lo mismo. Identificarte con tus ideas personales, que no son tuyas sino la herencia sociocultural que ha absorbido tu mente, y defenderlas es una reacción del *ego*, que sólo existe en esas ideas; es, de hecho, esas ideas. Tu ser es mucho más profundo que eso.

Y la luz se hizo... e iluminó a Juanito, quien de pronto abrió los ojos como platos, y pudo rasgar brevemente el velo de la ilusión y ver un poquito más allá de las estructuras.

—¿Quieres decir —dijo Juanito— que también existe un *ego* colectivo?... ¿Eso es el nacionalismo?

—Justamente eso —respondió el Señor muy contento—. Justamente eso. Y miren, el *ego* parece seguridad, pero ésa es la principal de sus máscaras falsas. Mientras más grande y estructurado sea el *ego*, más débil es la persona, más frágil y más falible… Por eso se aferra a sus ideologías y a sus sistemas de creencias. Y sí, eso es el *ego* a nivel colectivo y masivo: nacionalismo, una falsa estructura para todo un país. Una falsa identidad.

—Uy, pues entonces este gringo no sale nada bien librado de este asunto —dijo Juanito mientras señalaba a su compañero y sonreía.

—Claro que sí —se defendió de inmediato Johncito—. Mira que yo fui el que planteó todo este asunto del nacionalismo mexicano y latinoamericano.

—Justamente eso… Y el nacionalismo gringo, ¿qué? No es que ustedes se libren de ese tipo de *ego* masivo. De hecho, no creo que exista un *ego* más grande que el gringo. Sus ideas, su capitalismo, su democracia y su mentada libertad, como pretexto para fastidiar al mundo… Al fin y al cabo hijos de piratas…

—Niños —interrumpió Dios antes de que aquello se convirtiera en una discusión sin fin—. Se los advertí desde el principio: cada uno verá sólo los defectos del otro, por más que sean iguales.

Los dos querubines, que ciertamente ya estaban listos para pelear, se detuvieron en actitud reflexiva. Estaban a punto de echarse uno sobre el otro para defender sus ideas… A fin de cuentas ideas colectivas, identidades, falsas estructuras, constructos sociales.

De pronto los inundó esa facultad de ver la estructura histórica y comprendieron: las ideas son símbolos, y nada funciona mejor que esos símbolos para mover a las masas humanas. El que sabe manipular los símbolos tiene el control... Pero el que identifica esa realidad está fuera del control de los demás.

Ahí estaban frente a ellos todas las guerras de la humanidad, hermanos contra hermanos, desde los míticos Caín y Abel, pasando por griegos y persas, romanos y germanos, católicos y protestantes, alemanes y franceses; hasta judíos y musulmanes, croatas y serbios, capitalistas y comunistas... Todos atados a la misma cadena de odio, todos como un eslabón más, como un engranaje más en esa máquina de patrones y condicionamientos que es la mente colectiva de la humanidad.

Individuos aniquilándose entre sí para defender sus abstracciones intangibles, luchando por un rey o por un emperador, por una idea, por un dios, por la patria, por el pueblo o por la libertad. Individuos exterminándose prestos en la absurda defensa de las ideas, y líderes usando las ideas para obligar a los individuos a exterminarse unos a otros.

De pronto vieron la locura que padece la humanidad, la demencia de la mente, la esquizofrenia en la que vive toda la especie; el peligro, el infierno en la Tierra causado por ellos mismos... El miedo. Y de pronto la respuesta fue muy evidente: todos tenemos miedo, por eso es el mejor instrumento para controlar a la gente... Y controlar es justamente la obsesión de los que tienen más miedo.

Miedo a la existencia, miedo a ese maravilloso milagro, a ese insondable misterio que la mente humana simplemente es incapaz de penetrar con la lógica y la razón. La mente tiene miedo de todo aquello que se escapa a su comprensión, aunque también el miedo es parte de ese maravilloso mecanismo de supervivencia frente al cual sólo tiene dos respuestas: la huida o el ataque.

Ése es el patrón y el condicionamiento más antiguo que arrastra la humanidad: lo ha desarrollado desde que bajó de los árboles. Huir o atacar, lo hacemos entre individuos y entre naciones, lo hacemos en el trabajo, en nuestras relaciones interpersonales, en nuestras relaciones de pareja. Estamos condenados por el miedo. Es el miedo el que separa, el que divide y aleja, el que rompe y fractura la existencia. Es el miedo el que puede llevarnos a la destrucción.

Y, entonces, lo vieron claro... Lo contrario del miedo no es el coraje ni la valentía. Si el miedo divide, entonces, su contrario, su antídoto, la respuesta debe ser aquello que une.

La verdad se revelaba ante ellos: lo único que une, lo que siempre ha unido, el único antídoto del miedo, es el amor, la fuerza creadora, la energía que unifica a todo y a todos con todo y con todos. El amor no es el contrario del odio, a menos que se entienda que el odio no es más que otra faceta del miedo. También la obsesión de control y dominio que padecen todos los seres humanos en diversos niveles es resultado del miedo.

Todo lo que hay que hacer para la subsistencia de la humanidad es renunciar a la obsesión de dominio. Pero eso no es posible mientras exista el miedo, que, claro está, es parte de nuestra mente. ¡Por eso no se puede captar a Dios ni a la existencia con la mente! La existencia es unidad, y la mente, división.

La humanidad temerosa es guiada por los más temerosos. Ciegos guiando ciegos, lo cual sólo puede conducir hacia el abismo, hacia la oscuridad, hacia la aniquilación. Las masas siempre tendrán miedo. El *ego* siempre tiene miedo. De ahí la importancia de los individuos. Sólo ellos pueden liberarse del miedo…

Dios estaba contento. Había un futuro luminoso.

—Bueno —dijo el Señor saliendo de su arrobamiento divino—. Y entonces Juanito, ¿qué aprendiste tú?.

—Ay, Dios —exclamó Juanito—. Después de esto todo se me hace pueril y sin sentido.

—Nada lo es —respondió Dios—. Ánimo, ¿qué conclusión sacaste de esta parte de tu paseo por la historia?

—Bueno, pues viendo lo que le ocurrió a España y a Inglaterra, viendo como España se ahogó en su mina de oro y no le sacó ningún provecho, pensé que el México de hoy está igual. Esta vez su oro es negro pero la situación es la misma, y parece que no aprendemos. Si la mayor pobreza de España fue haber encontrado oro, pues eso la hizo depender del azar y no desarrollar ideas, de pronto pensé que la mayor pobreza de México es su petróleo.

La pobreza petrolera

Uno de los peores desastres de México fue haber encontrado petróleo en su subsuelo. Pocas cosas nos han empobrecido más, como pocas cosas empobrecieron más a España al haber encontrado oro y plata en América en el siglo XVI. Este paralelismo es importante porque, por más que neguemos nuestra hispanidad en español, nuestro pensamiento, tan inmediatista y sin visión de futuro, es otra de las pruebas de nuestros "genes culturales" tan hispanos.

Durante tres siglos, España dispuso de una fuente inagotable de riqueza llamada América, su eterna mina de oro y plata. Por causa de esta bonanza que le otorgó el azar geográfico, los españoles nunca tuvieron la necesidad de modernizar sus ideas. Mientras el resto de Europa practicaba una economía de transformación de recursos en bienes de consumo, España se hundió en el pasado medieval, conforme con vivir de la riqueza que le proporcionaba la tierra.

La economía de transformación de bienes requería mucha participación de los individuos, de ahí que gran parte de las nuevas ideas, al terminar la Edad Media, incluyeran el derecho a la propiedad privada y la libertad económica. Así, mientras que desde el siglo XVII Inglaterra consagró la propiedad privada de los ciudadanos, la monarquía española se dedicó a monopolizar toda fuente de riqueza... Más o menos como lo ha hecho el Estado mexicano en el siglo XX.

Siempre se ha dicho que nuestra Constitución es maravillosa y moderna, y que algunos de sus conceptos, como el hecho de que la riqueza del suelo y el subsuelo son de la nación, una abstracción representada por un partido político, son de lo más progresistas. Pero la realidad es que así es México desde el siglo XVI, desde que era Nueva España. En aquel tiempo, toda la riqueza del suelo y el subsuelo era propiedad de la Corona, y entonces como ahora, lo único que se ha obtenido es la inmovilidad social... Y cuando no hay posibilidad de movilidad, simplemente no hay productividad. Por eso los ingleses se hicieron ricos, y los españoles, pobres.

El petróleo es de todos los mexicanos. Y pasa con él lo mismo que ocurre con todo lo que es de todos: en realidad no es de nadie; peor aún, tan sólo es de quien lo administra en nombre de todos: el Estado, que en México está secuestrado por unos cuantos individuos. Hay lecciones históricas muy interesantes: Holanda es uno de los países con más empresas petroleras y con más empresarios involucrados en el negocio del petróleo. Con un detalle: en Holanda no hay petróleo, ni una gota, y aun así es una nación petrolera, y lo es desde el siglo XIX.

Mejor aún, el petróleo que manejan y administran las compañías holandesas no es propiedad de todos los holandeses. Aun así, cada individuo de ese diminuto país que no sólo no tiene petróleo, sino casi ningún otro recurso, que incluso le han arrebatado territorio al mar… cada holandés, sin ser dueño del petróleo, vive mejor que cada mexicano, dueño y soberano de su propio chapopote.

Es un caso interesante por haber sido un país que fue parte de la monarquía española, como México, con una guerra de independencia que duró 80 años. Aunque el origen de dicha guerra de emancipación fue el hecho de que los holandeses se habían sumado a la revolución de las ideas que fue la Reforma protestante, mientras que su soberano, Felipe II de España, era el principal promotor de la Contrarreforma. Holanda se separó de España y de las ideas medievales, México se quedó a la mitad; por eso no es libre ni independiente.

Lo peor de todo es que además el petróleo se ha convertido en un instrumento del discurso ideológico y político en México; y como tal, sólo ha sido usado para controlar y manipular a los mexicanos, lo cual se ha hecho, como se hace en todo acto de control y manipulación: con odio y miedo. Mexicanos odiando a otros mexicanos por pensar distinto acerca del tema del petróleo, un recurso natural del que nadie que no sea parte del sindicato y del gobierno se beneficia.

Nuestro oro es negro, lo descubrimos en el siglo XX e hizo relucir nuestra mente hispana. Con un recurso tan valioso, pueblo y gobierno mexicano se instalaron en la zona de confort y han vivido agradecidos por la suerte de nacer en esta área geográfica, sin la necesidad de modernizar su mente para enfrentar el futuro. Cuando España perdió América, en el siglo XIX, despertó de su borrachera con una cruda parecida a la que tendrá México cuando despierte de su ebriedad petrolera en el siglo XXI y se encuentre con las manos vacías.

Juanito terminó su discurso y no hubo discusión. No había nada que decir. Lo que había expuesto eran ideas, falibles como todas, discutibles como todas, con su contradicción implícita, y como todas, con claroscuros.

No se puede establecer que una idea esté bien o mal, como pretenden hacer creer los ideólogos; a lo mucho, se puede decir si es funcional o no. Y eso depende más del contexto que de la idea misma. Tradición muy católica, por cierto, esa de ser inquisidor y absolutista en el tema de las ideas.

El verdadero aprendizaje no eran las ideas, sino la posibilidad de dialogarlas y compartirlas; no para ver quién tenía la razón, porque la razón, como dijo Blaise Pascal, aunque no importe quién lo dijo, es el más abundante de todos los bienes: todos creen que la tienen. Y como la razón es dialéctica, de hecho, todos la tienen. Es decir que siempre hay un buen argumento a favor y en contra de la misma idea. Y dos opiniones contrarias se pueden sostener, con la lógica, como verdaderas.

Los debates son concursos de *egos*. Y pocos *egos* son más grandes que los de los políticos que debaten, que en algunos países se llaman intelectuales. Los debates no buscan la verdad, que nunca ha sido absoluta, sino argumentar y vencer, con lo cual a la postre nadie gana. Pasa en los parlamentos, pasa en los individuos, pasa en las parejas: cuando alguien gana un debate, nadie gana nada en absoluto.

El diálogo es mucho más productivo: las razones de dos, no para debatir sino para enriquecer una idea. Si uno de los dialogantes busca tener la razón, ya no hay diálogo. Y como los seres humanos se identifican con su mente y con sus ideas, y más aún con sus ideologías, los diálogos por la nación se convierten en concursos de oratoria para defender ideologías… Y a los ideólogos y a sus ideologías, claro está, nunca les han importado los individuos.

Así que no había nada más que decir. Plantear ideas sólo eso, escuchar otras, y comprender que la mente y la razón son conflictivas por naturaleza. Los querubines no dijeron nada, pero como consecuencia del sermón divino los dos se quedaron pensando, uno en inglés y otro en español, pues el lenguaje es otro límite de la mente. ¿En qué idioma hablará Dios?

EL TERCER PASEO POR LA HISTORIA

El puente del mundo

Nueva España fue un reino, no una colonia. Las 13 colonias británicas fueron colonias, no un reino. Es importante comprender esto a cabalidad para entender los sistemas políticos de cada uno de los países nacidos de aquellos dos distintos y distantes proyectos europeos. Sobra decir, y aun así es bueno volver a decirlo, que uno es producto de la Contrarreforma y el medievalismo, y el otro, de la Reforma y la modernidad.

También es importante decir que siempre hubo una Nueva España. Bueno, desde que fue creada en el siglo XVI, y evidentemente fue aumentando su tamaño según los españoles exploraba el territorio. El meollo del asunto es que siempre fue Nueva España, un reino centralista, compuesto por otros reinos o provincias… Igualito que España, sometido y administrado por un gobierno central, en este caso en la ciudad de México, sede del virrey, que no era más que un representante del rey, algo así como un holograma, una real proyección a 8 000 kilómetros de distancia de Madrid. El rey de España era el rey de los virreinatos.

Esta Nueva España siempre fue centralista, aunque estaba formada por una multiplicidad de reinos, como Nueva Galicia, Nueva Santander, Nueva Vizcaya, Nuevo León o Nueva Extremadura; bien original el asunto de los nombres, tanto como Nueva Inglaterra, Nueva Francia, Nueva Holanda, Nueva Suecia, y hasta un pueblito ruso establecido en California en el siglo XVIII: Nuevo Sebastopol... Por lo menos no le pusieron Nueva Rusia, aunque Vladimir Putin ya nos recordó que así se llamaba en el siglo XIX una provincia del imperio ruso hoy conocida (aún) como Ucrania.

Sin embargo, aunque todo era igual en cuanto a la poca originalidad nominalista, seguimos con aquello de que la mente todo lo repite, es importante comprender lo distintos que eran dichos mundos y dichos proyectos. Nueva España siempre fue una unidad y legalmente tenía el estatus de reino. Las 13 colonias nunca fueron una unidad, sino 13, y evidentemente no fueron 13 desde el principio, sino que ése es el número de las que había al final, es decir, cuando se independizan y forman Estados Unidos.

Curiosamente, por más que al mexicano le encante considerarse mucho más mestizo, plural y heterogéneo que el gringo, lo cierto es que, como se ha señalado, a México llegaron puros españoles, mientras que a Norteamérica llegó el resto de Europa; a Nueva España llegaron sólo católicos, mientras que al territorio británico llegaron todas las demás versiones del menú cristiano europeo... incluidos los católicos.

En este momento del paseo por la historia, quizás ha quedado claro que la migración, la mezcla y la conjunción de culturas y pensamientos diferentes, han engrandecido a nuestra especie, tanto a nivel biológico como social. No es de extrañar entonces que Estados Unidos sea hoy lo que es: un lugar donde, desde su origen, llegó y sigue llegando de todo. Es uno de los grandes nudos migratorios del planeta.

México le tiene miedo al extranjero desde antes de ser México. Ha rechazado, desde entonces hasta hoy, esa maravillosa oportunidad que le da el hecho de que todo el mundo confluya en un solo lugar.

La cuenca del Mediterráneo, la costa europea, la costa africana, Asia menor y Medio Oriente, fueron de los lugares donde más coincidieron los grupos humanos desde el principio de la civilización. Y fue así por causa de su gran desarrollo. Eso mismo pasó con Norteamérica, donde a partir del siglo XVI comenzó a llegar gente de todos los rincones del planeta, lo cual generó una gran civilización… Y a estas alturas ya tendríamos que haber roto el estereotipo tan mexicano de que los gringos no tienen historia ni cultura.

Durante la etapa virreinal desaprovechamos la oportunidad de consolidar lo que el territorio era por naturaleza: el lugar donde todo podía confluir. Es posible, en este caso, como tanto gusta en México, culpar a la mentalidad española. Y tendría razón para hacerlo. Fue precisamente la mentalidad católica medieval de los españoles lo que propició que este país no fuera el ombligo del mundo (aunque solemos presumir que su nombre significa "Ombligo de la Luna"). Pero nada ha hecho México en dos siglos para revertir esa situación y esa mentalidad.

Nueva España era el ombligo, el nexo entre dos mundos, precisamente por ser el centro del imperio de los Habsburgo, la joya de la Corona española. El comercio con los virreinatos sudamericanos pasaba en gran medida por México. Y Veracruz y Acapulco eran los puertos que unían los dos océanos que más navegaban los comerciantes. Era, además, un sitio mucho más civilizado y con mejor clima que Norteamérica... Pero la gente no se quedaba aquí, por las ideas que prevalecían.

El Mediterráneo fue el centro del planeta sin que nadie lo planeara. Simplemente así ocurrió de forma natural por ser el paso de las grandes migraciones humanas. La migración de Europa a América fue algo que se derivó de la mano del hombre, pero el centro de gravedad del mundo pasó del Mediterráneo al Atlántico y poco a poco fue incluyendo al Pacífico. Ahí fue cuando Nueva España se convirtió en el puente, un puente por el que cruzaba la gente, y en el que no quería quedarse. Norteamérica, en cambio, era el rincón de aquel mundo. No estaba de paso más que para llegar a la nada, pero la gente iba allí para quedarse... por las ideas que prevalecían.

La Nao de China, que no era una nao ni ancló en China, llegó a cubrir la ruta comercial más próspera del mundo: un viaje de ida y vuelta por el océano Pacífico que se llevó a cabo, sin interrupciones, desde 1565 hasta 1815. Unía al mundo entero, pues conectaba a América con el sureste asiático, donde entraba en contacto con barcos de otras rutas que recorrían el océano Índico y las costas africanas hasta llegar a Europa.

Navegaba durante meses entre Nueva España y las Filipinas. De ahí llegó la China Poblana, que aunque no era china parece que eventualmente si fue poblana... La Nao de China fue todo un fascinante episodio cultural de la historia de México, que se quedó en eso: una mera anécdota mal contada.

El Galeón de Acapulco, como era conocido en aquellos lares orientales, por ser un galeón que salía del puerto de Acapulco, no era el nombre de un barco sino de una ruta: 110 barcos ostentaron ese título a lo largo de 250 años, ocho de los cuales fueron construidos en Nueva España, y todos los demás en Filipinas.

De esta manera el comercio del mundo entero pasaba por México: el galeón, cargado hasta con 2 000 toneladas de exótica mercancía oriental y 1 000 pasajeros, llegaba a Acapulco. Mucha de esa mercadería atravesaba por tierra hasta Veracruz, de donde los barcos salían a España. El México del siglo XXI, a pesar de sus tratados de libre comercio con más de 40 países, aún no logra recuperar esa vocación.

El recorrido entre Acapulco y Manila, de donde provienen esos mangos hoy tan mexicanos, con escala en las Islas Guam, tardaba unos tres meses; el viaje de vuelta, con escala en Japón, se hacía casi en cinco. El último barco zarpó de Acapulco en 1815 cuando fue interrumpido el servicio por causa de la guerra de Independencia. Terminada esa conflagración bélica, y ya independiente México, dicho servicio jamás fue reinstaurado.

Benito Juárez intentó volver a hacer de México un puente, pues parte de la razón de ser del ferrocarril Veracruz-Puebla-México-Acapulco que comenzó a construirse bajo sus órdenes, con capital gringo, por cierto, era unir esos puertos y restablecer ese puente comercial entre dos océanos y dos mundos. No se logró quizás porque durante 10 de sus 15 años de gobierno el país estuvo en guerra interna, por causa de ideas que nunca se debatieron ni mucho menos se dialogaron. Absolutistas somos, Juárez y juaristas incluidos.

Cuando Porfirio Díaz fue presidente el mundo había cambiado y los flujos comerciales más importantes ya eran de sur a norte, sí, con los gringos. De ahí que esa fuera la orientación primordial de las vías férreas que él mandó construir, con capital de gran parte del mundo, gringos incluidos (porque, aunque ellos no lo sepan, y a nosotros no nos guste, son parte del mundo). Pero don Porfirio no desechó la otra realidad, por lo que además de los puertos de Coatzacoalcos en el Golfo y de Salina Cruz en el Pacífico, proyectó un ferrocarril que los uniera, para volver a conectar esos dos grandes océanos a través de México.

En 1909 Díaz se entrevistó con el presidente de Estados Unidos. Una de las exigencias que le hizo el presidente William Howard Taft fue que abandonara ese proyecto, pues sería una gran competencia para el proyecto gringo del Canal de Panamá para unir los dos océanos

Don Porfirio se negó a esa y a otras demandas que violaban la soberanía, así como a la instauración de una base militar en Baja California... Un año después, con apoyo del gobierno gringo, Madero hacía una revolución para derrocar a Díaz. Durante esa guerra civil se terminó la inversión en la infraestructura ferrocarrilera. Y desde entonces México no ha logrado, a pesar de serlo de manera natural, ser el puente del mundo.

Los hijos de la luz y los hijos de la oscuridad

El periodo virreinal mexicano podemos ubicarlo desde la conquista de Tenochtitlán en 1521 (aunque oficialmente es virreinato a partir de 1535) hasta la independencia, la de verdad, en 1821. La etapa colonial "estadounidense" podemos fecharla entre 1609, cuando lord De la Warr se convierte en el primer gobernador de una colonia, que en honor y en favor de su ego se llamó Delaware, hasta 1783, en que Inglaterra reconoce la independencia de Estados Unidos.

Toda la dinámica y las ideas de ambos periodos coloniales fueron distintas, de ahí que las respectivas independencias también lo hayan sido, por más que en la historia que nos contamos afirmemos que tienen un origen común: la Ilustración. No obstante, la Ilustración no pasó por aquí, o no ha pasado aún. Más bien está detrás de las revoluciones francesa y norteamericana. Si esas ideas estuvieran detrás de la independencia mexicana, obviamente que nuestro país se habría desarrollado como Estados Unidos o como Francia... A menos claro, que como parte de nuestras ideas, sigamos culpando al mundo de nuestra marginación.

Ahí está la realidad que contradice las teorías. Pero en México somos muy hegelianos: si la realidad no se adapta a mi teoría, peor para la realidad. Como Miguel de la Madrid cuando en su informe de gobierno dijo aquello de que la incertidumbre no está en los planes del gobierno sino en los hechos. Una joya de la metafísica nacional.

En contra de lo que pudiéramos pensar, derivado de la versión de la historia que nos contamos de nosotros mismos, la población indígena no buscó la independencia. Pocas personas estaban tan sometidas mental e ideológicamente como los indígenas, a cuyo fenómeno llamamos conquista espiritual y cuyo principal símbolo de dicho sometimiento sigue siendo idolatrado en nuestro país: la Virgencita de

Guadalupe. Así se convirtió México en ese contradictorio pueblo que cada 15 de septiembre repudia la conquista y cada 12 de diciembre la venera.

El fiel más devoto de la Iglesia y el súbdito más leal de la Corona fue el indio, quizás en gran parte por ese sometimiento a manos de los frailes, que al mismo tiempo que lo protegía, lo seguía conquistando por dentro. Pero quizás también derivado de su propia cultura y su cosmovisión, pues los pueblos mesoamericanos estaban acostumbrados a que la religión y las deidades rigieran sus vidas, y a que sus señores fueran sumos sacerdotes; porque sí, antes de los españoles, por acá también había políticos de Dios. De los dioses, en este caso.

El meollo del asunto es que el indio no buscó la independencia. Quizás ni siquiera sabía que ésta era posible. Evidentemente los españoles tampoco la querían. Y durante mucho tiempo, el único que podía anhelarla, el criollo, estaba muy cómodo con el estado de las cosas que disfrutaba.

Hablando de revoluciones, éstas no las hacen los de abajo porque no pueden; no las hacen los de arriba porque no quieren. Sólo pueden hacerlas, y quizás quieren hacerlas, los de en medio. Si los de en medio están contentos, o ideológicamente sometidos, tampoco la hacen.

Cuando llega la revolución, lo único que ocurre es que los de en medio desplazan a los de arriba, y se acabó la historia. No más revoluciones. El liberal se convierte en conservador para usufructuar el poder. Y los de abajo siempre son las víctimas necesarias, los héroes anónimos, con cuyo pretexto se hace la revolución. Una forma maravillosa de evitar nuevas revueltas que derroquen al que llegó es muy simple: institucionalizar la revolución, hacer de ella un discurso ideológico y convertirla en partido político.

En Norteamérica siempre hubo grupos que querían ser independientes; no todos, desde luego, pues finalmente también estaban sometidos por esa idea de la lealtad a la Corona. Sin embargo, muchos otros eran disidentes de la Metrópoli desde que estaban en Inglaterra, y parece obvio pensar que ellos sí pugnaban por una independencia. Pero ante todo abogaban por el pragmatismo, pues finalmente eran anglosajones: la independencia, hasta que sea del todo conveniente, y desde luego, posible.

Desde 1620 hasta 1763 hubo toda una dinámica bélica que provocó la unión, por necesidad, entre los ingleses y los colonos americanos. Por causa de su carrera como potencia emergente, los británicos estaban en guerra con gran parte del mundo, y contra España, especialmente: guerra por el dominio de las costas africanas, guerra por el control del Estrecho de Malasia, guerra por la posesión de los puertos del Indostán y China y, desde luego, guerra por el control total de Norteamérica.

En esta guerra mundial, el Imperio británico comenzaba a perfilarse como una gran potencia y no se podía dar el lujo de estar en guerra con sus colonos en América, pero tampoco tenía tiempo para ocuparse demasiado de la burocracia, las leyes y los impuestos en dichas colonias, por lo cual éstas resultaron ser sumamente autónomas. Además, los colonos británicos estaban en constante conflicto con indios, españoles y franceses, y no se podían dar el lujo de pelear con su Metrópoli. A esto se le llama "conservar el *statu quo*". O sea, mantener las cosas como están, por ser más conveniente.

En 1763, después de una guerra de siete años librada en todo el planeta, precisamente por el dominio de puertos, rutas y colonias, Inglaterra se alzó como la gran triunfadora y la nueva gran potencia. Obtuvo el dominio de las costas de África y el Indostán, y le quitó a Francia sus propiedades en América del Norte.

De la igualdad procede la guerra, escribió el filósofo inglés Thomas Hobbes en el siglo XVII. La interpretación práctica de esta teoría era que de la superioridad de uno depende la paz de los demás. Estados Unidos, por cierto, no ha cambiado esa visión de las cosas.

El meollo del asunto es que en 1763 el dominio de Inglaterra sobre el mundo comenzó a ser indiscutible, y el control de Norteamérica, total. Las colonias suecas desaparecieron y los asentamientos de holandeses quedaron como comunidades débiles bajo dominio inglés, Quebec había caído y Nueva Francia había dejado de existir.

Con las cosas tranquilas y en paz, los ingleses trataron de organizar su imperio americano para extraer del Nuevo Mundo la mayor cantidad de riqueza posible, lo cual comenzó a generar conflictos con los colonos, quienes, también ya libres de amenazas y gozando un breve periodo de paz, ya no necesitaban de Inglaterra. El camino a la independencia estaba abierto.

Ese mismo año de 1763 una proclama real prohibió la colonización de nuevas tierras, por el temor de que esa extensión territorial diera a las colonias más poder, que es justamente lo que querían los colonos. En 1764 Inglaterra impuso en las colonias la llamada Ley del Azúcar, que no regulaba únicamente asuntos relacionados con el azúcar, sino que gravaba los bienes considerados de lujo, que incluían el café, la seda y el vino… A México se le ocurrió esa idea unos 250 años más tarde.

También ese año, la Ley Monetaria prohibió la impresión de papel moneda. Al año siguiente se estableció otra ley que obligaba a los colonos a alimentar y hospedar a los soldados británicos. Finalmente llegó la Ley del Timbre, que exigía comprar sellos reales para todos los documentos legales, los periódicos, cualquier tipo de licencia y los contratos de arrendamiento. Es decir que el gobierno decidió comenzar a saquear, vía impuestos, a la población productiva, que entonces decidió cambiar su forma de gobierno.

La monarquía británica era parlamentaria, pero los colonos alegaban que no estaban representados en el parlamento y que, por lo tanto, no era posible aumentar o decretar nuevos impuestos a las colonias. El tema pues, más allá de los impuestos, era la representatividad: se preguntaban si realmente eran representados por el parlamento, o sometidos por él, en cuyo caso no les quedaba otra cosa que pugnar por la independencia. Un tema pendiente en México.

En octubre de 1765 delegados de nueve colonias se reunieron en Nueva York y aprobaron una resolución que daba derecho a los colonos a establecer sus leyes y sus impuestos. Claro que había división de opiniones, desde los que pensaban que debían obedecer a Inglaterra y ser leales a la Corona, hasta los que pugnaban por la autogestión, lo cual implicaba establecer sus propias leyes. No obstante, ya desde entonces muchos se pronunciaban a favor de una independencia definitiva.

En 1773 los comerciantes coloniales estaban disgustados porque los ingleses intentaban reglamentar el comercio del té. Esto provocó que en diciembre de ese año un grupo de hombres abordara tres buques británicos en el puerto de Boston y arrojara al mar sus cargamentos de té. Como todo acontecimiento histórico necesita un hito, es decir, un momento mítico de inicio, ésa se constituyó en la historia que los gringos se cuentan de sí mismos, la motivación de su independencia: que el té de las cinco les iba a salir más caro.

El parlamento británico cerró el puerto e impuso una serie de prohibiciones destinadas a que la colonia quedara aislada del resto. Sin embargo, esas medidas, conocidas como las Leyes Intolerables, provocaron la unión de todas las colonias, menos Georgia, que enviaron representantes para formar en Filadelfia, en septiembre de 1774, el Primer Congreso Continental para discutir la situación de América y su relación con el Imperio británico.

Allí se planteó un autogobierno, que fue apoyado por todas las clases, desde los campesinos, pasando por los artesanos y los pequeños comerciantes, hasta las clases profesionales y los grandes capitalistas, unos más moderados y otros más radicales. Las ideas de libertad fueron bien recibidas por la mayoría, excepto por un pequeño grupo de realistas. No obstante, no todos estaban de acuerdo con la violencia y veían con preocupación que se realizara una recolección de armas y pertrechos militares. Aquéllos más bien eran partidarios del diálogo y las concesiones. No les convenía romper con Inglaterra por la mala, pues a fin de cuentas eran hermanos de los ingleses y gran parte de su economía dependía del comercio con Inglaterra.

Los conflictos armados comenzaron desde 1775: milicianos norteamericanos sostenían enfrentamientos con tropas británicas que trataban de impedir el acopio de armas. El Segundo Congreso Continental (hasta en el nombre se dejaba ver la idea de la posesión total de América) se reunió en Filadelfia el 10 de mayo de aquel año y votó por un levantamiento en armas contra los ingleses. Washington fue nombrado comandante en jefe de aquellas tropas. Por su parte, el rey declaró en actitud de rebelión a los colonos y, por lo tanto, traidores a la Corona.

Pero ni siquiera la declaración real de traición unificó a las colonias. Las del sur se mostraban más reacias a la revolución por un motivo: temían que una guerra por la libertad en contra de los británicos inspirara a los esclavos negros a buscar su propia emancipación, una situación inadmisible para ellos. Resultó entonces que la libertad no era un valor absoluto, sino más bien relativo.

Desde entonces hasta ahora descubrimos que el discurso de libertad y democracia definitivamente no tiene una dedicatoria universal. Lo mismo que el discurso de libertad, igualdad y fraternidad de los revolucionarios franceses no tenían como destinatario a todo el mundo. Ni siquiera a todo el pueblo francés. En muchas ocasiones los sureños pelearon del lado de los ingleses. Desde entonces se dejó ver el conflicto económico de la esclavitud, que se fue recrudeciendo hasta desbordarse durante la Guerra de Secesión.

En junio de 1776 comenzaron los ataques de buques británicos a las ciudades costeras. Aún no había declaración de independencia, pero evidentemente ya había comenzado la guerra por su conquista.

La guerra fue apoyada ideológicamente por los medios de comunicación, que en aquella época eran periódicos, revistas y libros. En enero de 1776 comenzó a circular un folleto titulado *Common Sense,* del politólogo Thomas Paine, que en menos de tres meses vendió más de 100 000 copias. En México nos contamos una historia con la que queremos convencernos de que la Ilustración inspiró nuestra independencia, a pesar de que hasta el siglo XXI es casi imposible que un autor venda 100 000 ejemplares de una obra, mucho menos en tres meses, poco probable en tres años, y en una de esas ni en tres décadas.

Aquel folleto planteaba ideas antimonárquicas: "Un hombre honrado es más valioso para la sociedad que todos los rufianes coronados que ha habido en la historia…", por lo cual había dos opciones: "Seguir sometidos a un rey tiránico y un gobierno desgastado, o buscar la libertad y la felicidad como república independiente y autosuficiente". La amplia difusión de este texto ayudó a promover la idea de la independencia en todas las colonias. Era evidente que había un proyecto y que éste era dado a conocer al pueblo.

El 7 de junio de aquel año, Richard Henry Lee presentó en el Segundo Congreso Continental la famosa resolución que declara: "Estas colonias unidas son y tienen derecho de ser estados libres e independientes…" Un comité de cinco miembros encabezado por Thomas Jefferson fue designado para redactar un documento que sería sometido a votación. El resultado de dicho documento fue la Declaración de Independencia del 4 de julio de 1776.

Lo importante es el discurso histórico del presente: cómo se interpreta la historia y cómo se transmite a un pueblo, los valores que promueve, con la pretensión de que esos valores sean eternos y de que siempre han existido. La historia que se cuentan a sí mismos en Estados Unidos, y al resto del mundo, es la lucha por la democracia y la libertad que, al igual que la revolución comunista que siempre criticaron, debe ser mundial. Es la idea, muy cristiana a fin de cuentas (catolicismo incluido desde luego), de que los valores propios son los únicos buenos y por lo tanto todos deben compartirlos.

Hasta la fecha ese es el argumento para justificar el expansionismo y la invasión. Se trata de hacer pensar a un gran público que estos valores han existido desde el nacimiento de la nación. La historia que se cuentan de sí mismos incluye el concepto de que la independencia de Estados Unidos constituye una victoria para el mundo entero, un evento destinado a traer la libertad y la democracia, no sólo a Norteamérica, sino al planeta entero, incluso a aquellos países que no la buscan… pero principalmente a los que no la buscan, sobre todo si poseen petróleo, gas *shale*, o cualquier otro recurso estratégico. Todo sea por la libertad.

Así pues, los padres de la patria en Estados Unidos fueron burgueses, capitalistas, intelectuales e ilustrados, que por causas evidentemente económicas optaron por la independencia, con un proyecto original: la pensaron, la debatieron, la dialogaron, la propusieron, la pelearon y, finalmente, la obtuvieron. El país que surgió de esa guerra se fundó sobre un proyecto firme.

En México el proyecto consistió en gritar: ¡Viva Fernando VII! (rey de la España de la que, supuestamente, queríamos liberarnos); ¡Viva la Virgen de Guadalupe! (principal herramienta de dominio de los conquistadores); ¡Muera el mal gobierno! (que subsiste desde entonces, y está empeorando). Todo precedido por el célebre: ¡A coger gachupines!

Por lo menos esa es la más popular de las historias que nos contamos. Si hubo algo mucho más profundo e inteligente de fondo, ya es hora de comenzar a contarlo en las escuelas.

En 1700 hubo un cambio de monarquía en España. Murió, sin descendientes, quizás el 15 de noviembre, el rey Carlos II, último de la dinastía Habsburgo. Un tal Luis Felipe de Borbón, duque de Anjou, nieto de Luis XIV de Francia, el famosísimo Rey Sol, se convirtió en rey de España con el nombre de Felipe V. La dinastía Borbón, de origen francés, se convirtió en casa real de España desde entonces y contando.

La nueva monarquía se enfrentó al hecho de que España se encontraba en bancarrota por el derroche desmedido y la fortuna mal administrada de los Habsburgo, a quienes les pasó con su imperio lo mismo que a ese otro imperio llamado Pemex, que no obstante que está mal administrado, da para vivir a los sátrapas que lo mantienen en sus manos. Así pues, decidieron hacer nuevas leyes para tratar de administrar mejor la inmensa riqueza americana que venía como pilón con la abollada Corona española.

Entonces y ahora, se hicieron reformas para que la corrupción fuera más favorable, no para que terminara. Exprimir más el recurso no renovable que nos dio la suerte geográfica, pero ni hablar de revolucionar las ideas para buscar otro recurso y dejar de depender del azar geológico que hizo que los dinosaurios lleven pudriéndose 65 millones de años debajo de nuestro suelo. Dinosaurios viviendo de dinosaurios, esa sí es una ironía.

Ese nuevo conjunto de leyes estuvo listo después de 1750 y es conocido como Reformas borbónicas. Entonces causaron tanto malestar popular como las reformas del siglo XXI.

Nuevo paquete de viejas ideas: más poder centralizado para la Corona; más control sobre la burocracia; desde luego, más impuestos, los cuales son la esencia de toda reforma en este territorio; controlar y limitar a las órdenes religiosas (y expulsar a las incontrolables, como los jesuitas), y algo muy importante: discriminar políticamente a los criollos, que hasta entonces podían llegar incluso a ser virreyes, y limitar su acceso a los puestos de poder.

En 1808 Napoleón Bonaparte invadió España, se llevó al rey Fernando VII como cautivo a París y colocó en el trono español a su hermano, Pepe Botella para sus detractores, José I para sus seguidores. Muchos españoles aceptaron a los Bonaparte, pues veían en ellos la modernidad, lo cual era cierto, pero muchos se opusieron pues veían en ellos a unos invasores, lo cual también era cierto. Los opositores siguieron reconociendo como monarca a Fernando VII y comenzaron a organizar juntas de gobierno en su nombre.

Finalmente, estos opositores formaron un gobierno provisional conocido como la Junta de Sevilla, para administrar estos lares en nombre del rey cautivo. Ojo, no en nombre del pueblo, como suponían las ideas de los ilustrados, sino en nombre del rey, y hasta que éste regresara. Poco le interesaba España a los Bonaparte, pero el pilón americano era muy seductor, y venía incluido en el paquete.

Hasta el día de hoy se discute a qué mal gobierno se refería Hidalgo en su "grito"; pero en vista de que su arenga comenzó con vivas al rey de España se presume que aludía al gobierno de los Bonaparte, con lo cual queda muy cuestionado eso de que el cura era un ilustrado, pues ilustración era justamente lo que significaban los Bonaparte, aunque también implicaban una tiranía. No es que Fernando VII fuera epítome de la libertad o que no fuera tiránica la idea de Hidalgo de hacerse llamar Su Alteza Serenísima, como algunas décadas después Santa Anna quiso que se le denominara. A fin de cuentas Hidalgo tenía mente de español. Era criollo, es decir, español; descendiente de españoles y educado como español.

El punto nodal de esta cuestión es que el botín español de los Bonaparte incluía a América, botín que la Junta de Sevilla quería conservar en nombre de Fernando VII. Las noticias europeas llegaron a los virreinatos. Aquí debemos concentrarnos en Nueva España, ya que su historia fue similar a la de los otros tres reinos. El virrey Iturrigaray, enterado de los sucesos, y sin saber qué hacer por falta de precedentes, convocó a las máximas autoridades del virreinato: la Real Audiencia, formada por gachupines, y el ayuntamiento de la ciudad de México, formado en gran medida por criollos.

El virrey preguntó qué hacer y vino el debate de ideas. Los gachupines optaron por dejar las cosas como estaban, es decir, reconocer al gobierno provisional, que en nombre del rey había establecido la Junta de Sevilla. Los criollos vieron su oportunidad política de subir de puesto: formar aquí un gobierno provisional de Nueva España, igual que allá, en nombre del rey. No se estaba discutiendo la posibilidad de dar pábulo a la independencia, aunque si hubiese prosperado su propuesta quizás ése hubiera sido un primer paso en aquella dirección.

Y por extraño que resulte, el virrey decidió que los criollos del ayuntamiento tenían razón y debía formarse aquí un gobierno provisional, integrado por estos criollos, presidido, desde luego, por el virrey en persona. Como resultado de lo anterior, los gachupines de la Real Audiencia dieron un golpe de Estado contra el virrey y asesinaron al líder del ayuntamiento. Es una pena lo poco que la política ha evolucionado en México, porque tomar tribunas o abandonar un recinto parlamentario contiene la misma esencia.

Eso ocurrió en 1808. Y ahí terminó casi todo. Casi, porque algunos criollos inconformes siguieron reuniéndose en secreto, por razones evidentes, para seguir hablando de política. La idea de representar aquí al rey no cambió. La independencia no parecía asomarse en el horizonte.

José María Morelos tuvo un proyecto, mezcla de liberal y conservador, que dejó por escrito y no sólo en arengas, por lo cual puede ser estudiado. Parte de su plan fue no depender de los caudillos, una lección aún no asimilada 200 años después de su asesinato, que es lo que fue su fusilamiento. Habló de leyes, de constituciones, de república, de división de poderes y de sacar a Fernando VII de los discursos. También habló de intolerancia religiosa, de no admitir extranjeros, de la importancia de respetar la jerarquía eclesiástica, desde el papa hacia abajo, y de arrancar toda planta que Dios no hubiese plantado.

N obstante, dichos movimientos no triunfaron. Hidalgo había muerto en 1811, y Morelos en 1815. Los restos de sus respectivos movimientos, en 1817. Este último año un gachupín valiente e ingenuo se dejó engatusar por un masón brillante y colmilludo. Así fue como el joven guerrillero Xavier Mina, que había peleado en España en contra de Napoleón y a favor de Fernando VII, fue convencido por Servando Teresa de Mier para venir a Nueva España a pelear contra el rey al que había defendido.

Mina estuvo al mando de unos cientos de hombres, la mayoría mercenarios gringos, por unos cuantos meses. La mayor parte de ese tiempo estuvo perdido en el desierto, buscando a unos insurgentes que nunca encontró porque ya no existían. No luchó por la independencia de México sino por salvar su vida. Y fracasó en ambas empresas. Mina fue fusilado, y Servando Mier, que había sido capturado desde que ambos tocaron tierra americana, fue arrestado y llevado a Cuba. Se escapó en el camino y se fue a Estados Unidos a recibir el apoyo de la masonería de aquellos lares; masones gringos que, evidentemente, veían por sus intereses; no por los de México ni por los de los mexicanos... Y resulta que Servando Mier es un héroe.[1]

En 1818 todo estaba casi como al principio, pero con muchos más muertos en América y en Europa. Napoleón ya había sido derrotado definitivamente por los rusos, aunque la historia diga que por los británicos. Los poderosos de entonces ya se habían reunido en Viena, en 1815, para repartirse el mundo, así como hoy se reúnen para hacer lo mismo en Suiza. Y Fernando VII ya había sido restituido en el trono español, con todo y absolutismo, sin parlamento, sin cortes y sin constitución. En Nueva España ya no había guerra de independencia.

[1] La historia de José María Morelos la narro en mi novela *El Misterio del Águila;* la de su fusilamiento y la aventura de Servando Mier y Xavier Mina, junto con la novelesca vida de Guadalupe Victoria, ese gran desconocido de nuestra historia, en la segunda parte de la misma: "La Diosa y la Serpiente". La de los masones, las conspiraciones de Joel Poinsett y la del libertador Agustín de Iturbide, en la conclusión de esa trilogía: "La Caída del Dragón".

En 1820 todo cambió en España. Y en Nueva España las cosas también cambiaron para que pudieran seguir igual, más o menos como durante la Revolución de 1910. Son esos giros de 360 grados tan comunes en México: hay que dar la vuelta completa para que todos vivan la ilusión de un cambio y luego seguir en el mismo camino.

Desde 1812 los españoles de la Junta de Sevilla, aquéllos que decían representar al rey, redactaron en su nombre una Constitución muy liberal. Cuando volvió el rey, en 1814, mandó encarcelar a los que habían cometido tal atrocidad. ¿Qué era tan terrible?: declarar a todos iguales ante la ley, contemplar la posibilidad de quitar bienes a la Iglesia y poner límites al poder del rey. Traición y herejía.

El primer artículo de esa Constitución declaraba que España era una unidad que incluía tanto a la Península como a América. Todo un solo reino, todos igual de españoles, todos amparados y protegidos por las mismas leyes, y todos con representación en las cortes reales. Pero el rey, atado al paquete medieval de sus ideas, desconoció la Constitución de 1814.

Pero en 1820 hubo en España una revolución liberal que obligó al rey a aceptar y a jurar de nuevo la Constitución y, lo más importante, a que entrara en vigor en cada uno de los virreinatos. Ese es el momento en que todo cambió para que todo pudiera seguir siendo igual: la Iglesia y la aristocracia de Nueva España, que tanto se habían opuesto a la independencia, quedaron horrorizadas al conocer la existencia de esa nueva y diabólica carta magna, que los hacía iguales a los plebeyos, indios incluidos, y que entraría en vigor en América. Entonces ellos mismos comenzaron a planear la independencia.

Dicha aristocracia novohispana comenzó a reunirse en 1820 en el templo de La Profesa para conspirar. Como toda felonía necesita pretexto, y como nadie quiere parecer traidor, decían estar a favor de Fernando VII. Su lógica, como todas las lógicas, tenía algo de razón: el rey era nombrado por Dios, luego entonces la voluntad del rey era la voluntad de Dios y por la tanto era incuestionable; pero el rey no había jurado la Constitución por voluntad sino bajo presión. Fue algo así como hacerle manita de puerco a Dios, cuya divina voluntad evidentemente no estaba expresada en aquel nefasto conjunto de leyes. Todos sabemos que el Dios medieval es conservador.

Así pues, la Constitución incubaba una traición y desconocerla significaba demostrar la verdadera lealtad a la Corona. Por lo tanto, la conspiración estaba a favor de la ley, de la moral y de las buenas costumbres. En consecuencia, sus actores no eran conspiradores sino patriotas. Para dejar claro lo anterior, se le ofrecía a Fernando VII la corona en México, para que aquí pudiera gobernar como se debe: a favor de los privilegiados. Eso, sobra decirlo, tampoco ha cambiado. Cambian los favores y los favorecidos, pero nunca el hecho de que no todos son igual de iguales.

Aquí es cuando aparece Agustín de Iturbide, el militar elegido por dicha élite para dirigir militarmente la conspiración, que pretendía no ser un complot, y la independencia, que desde luego no era un proceso emancipador. Como esta nueva etapa de la guerra de independencia era impulsada por los de arriba, en realidad no había muchos sujetos contra quienes pelear; se lucharía sólo contra quienes pensaban que esa traición sí era una traición… No obstante, la mayoría de éstos fue aceptando la situación rápidamente.

Esa etapa de la guerra duró menos de un año, durante el cual casi no hubo disparos.

Los movimientos de Iturbide después de ese periodo son difíciles de entender, y más aun de interpretar. En vez de derrotar a los últimos insurgentes refugiados, Vicente Guerrero y Guadalupe Victoria, trató de negociar con ellos: el primero se le sumó y el segundo lo rechazó de manera tajante.

Guerrero fue de quienes juraron lealtad a Iturbide como emperador. Hasta le escribió en una carta que "se postraba a sus reales plantas". Fue nombrado mariscal del imperio y le encantaba pavonearse a caballo con todas sus reales insignias por las calles de la ciudad de México. Por su parte, Victoria siguió luchando por una república federal, en una época en que casi nadie sabía qué era una república, y mucho menos conocían ese extraño adjetivo: *federal*. Simplemente se copiaba el esquema norteamericano que allá era tan exitoso.

México nació casi sin saberlo. Su independencia fue el proyecto de una pequeñísima élite. Y el pueblo casi no se enteró de que algo había cambiado entre el 27 y el 28 de septiembre de 1821. Esa noche el país fue declarado independiente pero con la idea de reconocer al rey de España, con libertadores hispanos y con una población mestiza e indígena que no vislumbró cambio alguno tras el proceso, libre de España pero aún atada a la Iglesia.

Un México con nuevos aliados que siempre habían sido enemigos, como Iturbide y Guerrero, y socios que después serían adversarios, como Victoria y Santa Anna. Un nuevo país donde las alianzas cambiaban cada semana según variaban los intereses individuales, donde los antiguos insurgentes tuvieron que aliarse con sus enemigos del pasado para poder ser libres, y siguieron peleando después para imponer diferentes ideas de lo que debería ser la nación. A falta de un análisis consciente de nosotros mismos y de nuestros patrones, seguimos actuando del mismo modo.

Fue un Estado que nació imitando a las naciones europeas, pero despreciando a Europa, donde muchos países admiraban a los norteamericanos. Un México que se declaraba libre, pero imponía la intolerancia religiosa como ley; que rechazaba lo hispano pero se aferraba a la religión que trajeron los españoles y a la Virgen con la que siguieron dominando al pueblo.

¿Cuál fue el proyecto de ese México? Pues evidentemente un proyecto aristocrático para criollos, hacendados, terratenientes y ricos, que pretendían independizarse de España y que en el nuevo país todo se mantuviera como estaba. Con este esquema, del yugo de los españoles pasamos al yugo de los hispanos de América, al de los criollos aristócratas y al de los conservadores que estuvieron a la cabeza del nuevo país. La élite blanca de aquí dejó de depender de la élite blanca de allá, pero pueblos enteros siguieron sometidos a la Iglesia, a los hacendados, a las oligarquías locales y a los caciques regionales.

La independencia de las 13 colonias británicas y la creación de Estados Unidos, en efecto fue un proyecto basado en las ideas de la Ilustración y llevado a cabo por muchos personajes ilustrados. Los padres de aquella patria, igual que los de México y los de todas las revoluciones americanas, fueron los más beneficiados por dicho proyecto, por eso participaron en él… Pero, finalmente, derivado de su comunitaria ética calvinista, llevaron a cabo un proyecto que compartía los beneficios con los demás.

Esos padres, porque allá son muchos, fueron filósofos, abogados, intelectuales, científicos, impresores e inventores. Los de México, incluidos Hidalgo e Iturbide y sus secuaces, fueron sacerdotes, inquisidores, terratenientes y aristócratas con pretensiones de rancia nobleza.

La nuestra fue una independencia que, según nos contamos a nosotros mismos, tiene relación con la ilustración y con el liberalismo, en un país donde 90% de la población no sabía leer, y los pocos que sabían no lo hacían, y cuando lo hacían, tenía que ser sobre libros autorizados por la Inquisición. La independencia no se hizo en contra de la Inquisición sino con su beneplácito.

Y así como el proyecto del país del norte fue liberal, aquí no lo fue. Además, no sólo no fue liberal sino que fue recalcitrantemente conservador. Más aún, antiliberal: la separación de España llevada a cabo por las élites más conservadoras, precisamente cuando aquella nación europea se estaba volviendo liberal. El proyecto del norte, moderno desde su etapa colonial, generó un país moderno; el proyecto del sur, medieval desde su periodo colonial, generó un país medieval. El día que aceptemos lo anterior podremos cambiar nuestra realidad. Es la diferencia entre los hijos de la luz y los hijos de la oscuridad.

Fragmentos que se unen y unidad que se fragmenta

Los norteamericanos sabían dialogar desde el principio, como consecuencia de sus patrones y sus condicionamientos, es decir, de su ética protestante y comunitaria. Y desde el principio, los mexicanos no sabían dialogar sino imponer, igualmente derivado de sus condicionamientos, en este caso, católicos y medievales, que generaron un pensamiento absolutista e inquisitorial: "Sólo hay una verdad y yo la tengo, así que no hay nada que dialogar mientras no aceptes mi verdad".

Toda la tradición hispana que arrastramos, difícil de cambiar mientras no aceptemos nuestra hispanidad, es de súbditos, no de ciudadanos. Así se sigue comportando el ciudadano, que ve en el omnipotente Estado a Dios Padre, o por lo menos al rey. Y así se sigue comportando el gobierno, que ve a sus súbditos, al pueblo de México, como una masa informe que debe ser controlada, de preferencia siguiendo una de las máximas sentencias del absolutismo: callando y obedeciendo.

El absolutismo ideológico no ha cambiado en México. En la Edad Media europea, y durante su prolongación americana de 300 años, al que estaba en contra de las ideas de la Iglesia se le declaraba hereje y se le enviaba al infierno. En nuestro medievalismo político actual, el que no comparte las ideas del gobierno es un traidor y se le manda a la chingada, que está justamente ahí junto al infierno, sólo que en un lugar mucho más poblado.

La actitud es la misma. Quizás ahí esté la causa de que, desde sus orígenes, Estados Unidos haya comenzado a prosperar, y México, a sumirse en el caos. Es interesante, y necesario, comprender cómo fue posible que una entidad fragmentada de 13 colonias lograra consolidarse, mientras que una unidad, como lo fue Nueva España, tendió a fragmentarse.

No había unidad entre esas 13 colonias. Cada una mantenía mayor intercambio cultural y comercial con Inglaterra que con las demás. Todas dependían de Inglaterra pero eran independientes entre sí. No todas pensaban en la independencia desde el principio, y cuando finalmente estuvieron de acuerdo en ese proyecto, no todas tenían el mismo plan económico, político y social para el futuro. Ni siquiera peleaban como una Unión Americana, sino por los intereses de su propia población.

Washington comandó un ejército continental, pero además había milicias locales en diversos territorios. No obstante, su victoria hubiera sido imposible sin el soporte francés, que al apoyar a los colonos infligió una derrota a su enemigo histórico. Incluso después de la victoria y la independencia, la situación no fue fácil, precisamente por los intereses encontrados que había entre las colonias.

Al principio, los estados tenían la idea de gobiernos independientes, y cada entidad acuñaba su moneda, por lo cual no había una unidad monetaria ni un banco central; tampoco había un ejército nacional, pues, igualmente, cada estado mantuvo sus milicias coloniales. Los sureños basaban su economía en la agricultura y por eso apoyaban la esclavitud; por su lado, el industrializado norte pugnaba por la abolición de ese servicio. La unión estaba seriamente amenazada.

Éste es, por cierto, el origen del nombre de un país que no tiene nombre, sino una simple descripción de lo que es. Las 13 colonias británicas eran entonces 13 países norteamericanos, hasta que el padre ideológico de aquella patria, Thomas Jefferson, propuso una confederación; entonces esos 13 estados se unieron, y como los gringos son más pragmáticos que originales, no se rebanaron los sesos pensando un nombre: Estados Unidos…

Cuando México nació como república, en 1824, se copió el modelo gringo, que no sólo estableció las figuras de presidente y vicepresidente, los periodos de cuatro años, la elección indirecta para que el *demos* no influyera en la democracia y el concepto de federación, tan ajeno a la realidad mexicana. También se copió el nombre: Estados Unidos Mexicanos…

La propuesta federal de Jefferson era absolutamente acorde con la realidad de aquel país naciente. Eran 13 colonias, distintas en muchos aspectos, con poblaciones e ideas diferentes, con la tentación de ser 13 países diferentes, pero con la necesidad, en cuestiones de economía y de protección, de ser una sola unidad ante todo frente a Inglaterra, que aún en 1812 intentó recuperar aquel territorio.

Solución: seamos las dos cosas: una fragmentación y una unidad, 13 países que forman un solo país. Así de complejo y así de fácil. Cada uno es un estado libre y soberano, de verdad, no como los de México. Tiene sus leyes, su Constitución, su Congreso, su propia forma de entender la democracia, sus costumbres y sus tradiciones… Pero, además, se proporcionaron un gobierno central y una unidad económica y política.

El meollo del asunto es comprender que desde antes de la independencia, esas unidades ya existían; simplemente institucionalizaron y organizaron su realidad: 13 estados que se unen y se dan un centro. En México un centro inventó a los estados. Quizá por eso el federalismo nunca ha funcionado en el país: el federalismo mexicano lleva 200 años demostrando su fracaso. Hasta el día de hoy muchos gobernadores piensan que su estado es su feudo. Y en muchos casos eso es justamente lo que es.

Establecida la idea federal en Estados Unidos había otro detalle a discutir: ¿dónde quedaría establecido el gobierno central federal? La cuestión no era menor. Por el momento la capital se asentó en Nueva York, nuevamente institucionalizando la realidad, pues esa era la ciudad más importante de la Unión en todos los sentidos. Pero había el temor de que el estado donde residiera el gobierno central pudiera ser favorecido o, por el contrario, que el gobierno pudiera ser rehén de ese estado en específico.

Solución de Jefferson: hagamos un distrito federal, un pequeño territorio que no sea de ningún estado sino de la federación. Eso también lo copiamos en México, aunque a la fecha casi nadie tiene muy claro qué demonios es el Distrito Federal, pues en las escuelas únicamente nos enseñan a replicar merolicamente aquello de que "México está constituido por 31 estados y un Distrito Federal". Si se entiende o no, es lo de menos. De ahí la recurrente necedad de convertirlo en estado.

Surgió otro tema de debate: ¿quién sería más poderoso: los estados o la federación?, un tema que no causó ningún conflicto en México, donde el centro siempre ha sometido a la federación. Quizás por eso en nuestro país, donde las teorías sustituyen a la realidad, hacemos énfasis al referirnos a cada estado con su nombre oficial completo: estado libre y soberano de... para ver si a fuerza de repetirlo la gente se da cuenta de sus características.

Total, que en el caso gringo, algunos estados, predominantemente los del sur, abogaban por los derechos de cada entidad para tener su propia legislación, en especial, en relación con la esclavitud. Otros, particularmente los del norte, clamaban por un poder más fuerte detentado por la federación. Esta discusión entre los derechos de los estados contra el federalismo, y la defensa de la esclavitud sureña contra la libertad del norte, fue una bomba de tiempo que se mantuvo activa durante varias décadas, hasta que explotó, en 1860, con la llamada Guerra de Secesión

Una vez que aparece esa guerra en el panorama histórico, es importante hacer una aclaración: la guerra no se libró para emancipar a los esclavos, por más que ésa sea la ridícula historia que los gringos se cuentan a sí mismos, y que a fuerza de contársela al mundo, éste se la ha creído.

Gringos blancos y racistas del norte luchando contra gringos blancos y racistas del sur, destruyendo su país, aniquilándose entre sí… ¡para liberar a los esclavos negros! Es un mito tan ridículo como el de bautizar a la Unión Soviética como el Imperio del Mal, como afirmar que lo de Pearl Harbor fue una sorpresa y como sostener que Estados Unidos quería instaurar la democracia en Iraq, o como decir que al coronel Gadafi lo derrocaron los tuiteros.

Se repite tanto una mentira, que se convierte en verdad, como señaló el nazi Joseph Goebbels, y entonces ya nadie reflexiona sobre el hecho de que a los negros se les concedió la libertad en 1863, pero no les otorgaron derechos hasta 1965, y no se los hicieron efectivos sino hasta la década de los ochenta del siglo XX. Luego un miembro de una minoría discriminada tomó la presidencia y comenzó a discriminar a otras minorías. La mente humana difícilmente cambia. Es como el caso de nazis, judíos y palestinos. Y un pueblo que se lamenta de un holocausto y un genocidio mientras genera otro, como no sale en las películas, al mundo no le importa.

Los estados del sur eran primordialmente agrícolas, rancias aristocracias de terratenientes que vivían de la industria del tabaco y el algodón, el cual le vendían a Inglaterra, antes y después de la independencia. Dichos estados necesitaban la mano de obra esclava para mantener su competitividad.

Los estados del norte, asentados en territorios menos fértiles, más fríos y con menos extensiones de tierra, eran primordialmente industriales. Este tipo de economía requería dos cosas fundamentales: obreros y consumidores, los cuales se obtienen con la liberación de los esclavos. Lo que se debate desde el principio de la historia gringa, lo que causó la guerra, es el proyecto económico de la nación.

Dichos estados norteños habían comenzado a abolir la esclavitud décadas antes de la Guerra de Secesión. Y cuando descubrieron que había muchos negros libres comenzaron a deportarlos a África. Hasta les inventaron un país que en honor de la libertad se llama Liberia, con una capital que, para mayor gloria del ego de James Monroe, se llama Monrovia. Como la Constantinopla de Constantino, la Alejandría de Alejandro, la Georgia del rey George o el Yekaterimburgo de Yekaterina la Grande, rebautizado como Stalingrado por Stalin. Todas se podrían llamar Egópolis... En esas manos está la humanidad.

La mentalidad gringa, simple y pragmática, puede hacer muy terrible ese pragmatismo. Cuando comenzaron a liberar a los negros, de pronto dijeron: no sólo les daremos la libertad sino que los devolveremos a su hogar... Pues como son negros, su hogar debe ser África, aunque hayan nacido en Norteamérica. Eres libre de todo, menos de quedarte. Es de antología el hecho de que el barco en que los enviaban por la fuerza a otro continente se llamara *Amistad*.

La mente humana no cambia, así que, aunque llegaban a bordo del *Amistad*, esos negros liberados y deportados, ahora angloparlantes, arribaron a Liberia y discriminaron nada amigablemente a los negros de allá. A la fecha no se ha logrado la amistad en Liberia. Finalmente no hay que olvidar que los esclavos negros que fueron comprados en Senegal desde el siglo XV, fueron vendidos por otros negros, y que en la Sudáfrica posterior a Nelson Mandela ahora tenemos *apartheid* de negros contra blancos.

A fin de cuentas lo importante es que la federación unió a los gringos pero separó a los mexicanos. De hecho los gringos, a través de la masonería, vendieron ese concepto al naciente México, que desde entonces estorbaba en sus planes de expansión.

"Divide y vencerás", dice la máxima, y los gringos dividieron a los mexicanos desde el principio. Los mexicanos se dejaron y se dejan dividir, para lo cual se bastan solos, sin ayuda de los gringos.

Ahí estaba el tema de Texas, territorio casi despoblado, con unos 10 000 habitantes, algunos frailes españoles, otros hacendados mexicanos, otros más integrantes de comunidades alemanas y francesas, y además algunos gringos. Texas, por cierto, era propiedad de la Corona española, pero no formaba parte de Nueva España. Vaya, era mucho más novohispana la capitanía general de las Filipinas, administrada desde la ciudad de México.

Pero lo fundamental aquí es que los gringos querían Texas para ellos, pues desde entonces Jefferson había dejado claro que todo el continente era, por derecho natural y divino, para ellos. Tras la independencia y la creación del efímero y fallido imperio de Iturbide (fallido, entre otras cosas, por la intromisión gringa entre los mexicanos), el libertador estableció que Texas era parte de México.

Muy al estilo mexicano, lo estableció como una teoría, ratificada en la Constitución de 1824, aunque en la práctica esa posesión era dudosa, pues era un páramo desolado y despoblado. Desde entonces el gobierno gringo quería el territorio, y muy a su estilo lo tomó de manera práctica: colonizándolo, explorándolo y trabajándolo, primero con permiso de España, y luego con el aval de ese títere de Joel Poinsett llamado Vicente Guerrero.

La justificación de los gringos no fue más que una extensión del pensamiento de los ingleses que comenzaron a migrar a América en el siglo XVII, cuando todo era de los españoles que no poblaban, ni colonizaban, ni extraían riquezas. Los ingleses decían que el territorio era de quien lo poblara y lo trabajara, no de quien lo reclamara como propio. En México esa actitud se critica amargamente como un vil y vulgar *gandallismo*, al tiempo que se replica aquella frase zapatista de que la tierra es de quien la trabaja: el mismo espíritu, pero diferente vara para medir.

La federación no tenía nada que ver con la realidad mexicana: los gringos institucionalizaron su realidad, y los mexicanos copiaron esa institucionalización en su realidad, que era totalmente diferente. Las 13 colonias siempre fueron entidades separadas; la Nueva España, una unidad.

Cada una de las colonias de Norteamérica se gobernaba por su cuenta durante la etapa colonial, y toda la Nueva España en esa misma época se gobernaba desde el centro. El federalismo no es mejor que el centralismo, ni al revés. Depende de la realidad.

Las cosas como son: Estados Unidos surgió de un proyecto, y México, de la coyuntura internacional. Por eso los gringos sabían a dónde iban, y por eso México, debido a la falta de un rumbo fijo, decidió imitar el modelo estadounidense, en una época en que ésa era la única guía que tenían los países latinoamericanos, nacidos todos de manera muy similar a nuestro país. Si desde entonces los gringos querían todo el continente, es lógico pensar que seguir sus consejos, su guía y sus modelos, no era una buena idea.

Es fácil echarles la culpa. Es cierto que nunca tuvieron buenas intenciones con el resto de América, pero también es verdad que es tan culpable el que manipula como el que se deja manipular; tan abusivo el que aprovecha la división, como responsable el que está dividido debido a su individualismo.

Es más fácil, desde luego, pretender que el poderío de Estados Unidos se derivó del saqueo que ha hecho de América Latina, o, como en el caso de México, que es causa del robo que perpetraron de nuestro territorio. Con eso se evade una cuestión más profunda: ¿por qué tuvieron la capacidad de someter a una Latinoamérica que no tuvo la facultad de evitarlo?

Estados Unidos no comenzó la carrera con más ventajas. Y los españoles no se llevaron todos los recursos que había en América. Había más recursos en el sur que en el norte cuando ya todos los países eran independientes. En el siglo XXI sigue habiendo petróleo en México y en Venezuela, oro en Perú, uranio en gran parte de Sudamérica, y Bolivia es una de las principales fuentes de gas del planeta.

Los recursos son visibles… Lo que aún no resulta evidente para Latinoamérica es que la riqueza no depende de los recursos, sino de las ideas. Y justamente en este recurso la crisis es grave.

Y lo más fácil de todo es pretender que somos los buenos y somos víctimas, que si las cosas fuesen al revés, si nuestro país fuera el imperio, las cosas serían diferentes. Un vistazo a la historia de la humanidad deja claro que lo anterior es una ilusión. Una ojeada más de cerca a la realidad de Latinoamérica así lo confirma.

MIENTRAS TANTO

EN EL CIELO…

—Esto ya dejó de ser agradable, Dios —dijeron los dos ángeles—. De hecho es horrible, deprimente y desgastante. La experiencia humana no es maravillosa como pensábamos... De hecho, es espantosa. Su mente es un laberinto oscuro y sin salida; su espíritu es innoble, atroz y salvaje. Es aterrador y sin esperanza. Ninguno aprende, ninguno mejora...

—Porque ninguno observa —interrumpió Dios, tratando de mostrar toda la serenidad de su rostro sin rostro a sus queridos y ahora angustiados querubines.

Los dos ángeles no tenían ánimo para discutir con Dios, que además, como todo lo sabe, resulta que siempre tiene la razón, y eso es así porque Él va más allá de la razón, que siempre se enreda, a un lugar más allá de la mente, que es donde están todas las respuestas.

—Los seres humanos están atrapados en su mente porque no observan —continuó revelando la existencia, es decir, Dios—. La mente funciona en automático, de otro modo no garantizaría la subsistencia, que es para lo cual existe. Por eso es un laberinto sin salida. Pero no se desanimen: en realidad sí hay salida para la humanidad, pero no está en la mente sino en su exterior. Todo lo que hay que hacer es observar.

—Eso es justamente lo que hemos estado haciendo —respondieron los ángeles.

—Y por eso están aprendiendo, por eso están conociendo las estructuras, por eso están descubriendo el lado oscuro de la mente, por eso están viendo los patrones y los condicionamientos que los seres humanos arrastran desde el origen, por eso están reconociendo el laberinto, por eso están atravesando toda la podredumbre humana, por eso están viendo cómo todos hacen lo mismo, cómo viven sumergidos en lo más profundo de su inconsciencia, actuando pero sin vivir, arrastrados por el miedo y por su absurda ilusión de controlar y dominar... Se están observando a sí mismos y, al hacerlo, observan a la humanidad entera.

—¿Y eso en qué ayuda? No hacemos nada más que ver.

—Ver sin juzgar —respondió la inconmensurabilidad existente de Dios—. Ésa es la solución, la clave y la respuesta, el sendero y el destino. Ése es el secreto de la plenitud en la que Soy y en la que todos pueden ser. Ver sin juzgar.

En los rostros de aquellos enviados de Dios sólo había una constante interrogación. ¿Observar? ¿Observar sin hacer nada? ¿Cómo iba a ser ésa la solución? Había miles y miles de problemas y conflictos, de miedos y odios, y ellos sólo estaban ahí, observando, sin hacer nada. Dios, que todo lo sabe, y no necesita oír para escuchar, se adelantó.

—Están observando la mente y su estructura. Si la están observando, ¿dónde creen que están ustedes? ¿Dónde hay que estar para observar algo de manera objetiva?

—Afuera... —respondieron dubitativos.

—¡Exacto! Afuera. Para observar la mente hay que estar afuera de la mente, más allá de ella. Dicho de otra forma, observar es el camino hacia la salida del laberinto; es el único camino. Una vez que logras contemplar las estructuras, es evidente que has salido de ellas.

—¿Y cómo no juzgar? —preguntó uno de los querubines—. La humanidad hace cosas terribles.

—Las hacen con base en su inconsciencia, por eso hay que observar. Más allá de la mente, ¿qué puede haber?... Sólo conciencia, conciencia pura. Cuando observamos la mente lo hacemos desde la conciencia, y sólo la conciencia puede salvar a la humanidad de la inconsciencia. Sólo la luz ilumina la oscuridad. Juzgar es una actividad de la mente. Observar sin juzgar, sin identificarse, observar con serenidad, nos ayuda a alcanzar la comprensión de las cosas. Una comprensión más allá de la mente, pues ésta no comprende, sólo duda y discute. Una comprensión en la cual las contradicciones que la mente ve en la existencia se fusionan. Ustedes han visto el laberinto porque están observando. ¿Y qué ha pasado? Han comprendido. Ahora saben por qué los seres humanos se comportan como lo hacen, porque actúan pero no observan, porque viven en automático, porque juzgan.

—Pero juzgar es justamente eso que dicen que Tú haces —dijeron al unísono.

—Juzgar es lo que ellos hacen —resonó en el cosmos divino—. Juzgar y crear conceptos que no son más que proyecciones de su *ego*. Y Dios, ese concepto tan humano, esa divinidad que, según ellos, es perfecto, inmutable, inmóvil, creador y destructor, y ante todo juez supremo, no es más que la mayor proyección del *ego* que haya existido jamás. No sólo convirtieron a Dios en persona, sino en una muy mezquina.

Los ángeles comprendieron lo que Dios quería decirles. Era claro, sin dudas y sin contradicciones.

—Pero lo que observo no es agradable.

—Lo que observas es lo que es; la realidad es lo que es. Dices que no es agradable porque aún hay un pequeño juicio. Una sutil capa de *ego*. Sólo observa: ése es el camino hacia la conciencia. Y sólo la conciencia salvará a la humanidad. No la moral. La conciencia moral la inventaron los seres humanos para justificar sus juicios, para poder señalar a otros por tener sus mismas debilidades.

—Pero sufro al observar.

—Al observar, eventualmente se deja de sufrir. Observar implica la liberación de todo sufrimiento y es el origen de la compasión. En la conciencia pura y plena no hay sufrimiento. Vives siendo y percibiendo la única realidad de la existencia; vives siendo y experimentando la fuerza creadora. Esa compasión no es más que amor universal, a todo y a todos, sin los engaños del *ego*, que piensa que el amor puede ser selectivo.

—Pero sufro mucho, en verdad. No me gusta lo que observo.

—Es una etapa necesaria. Pero justamente ahora no debes retirarte. Ya no hay camino de regreso a la inconsciencia. Estás atravesando la penumbra; la luz está el final. Estás traspasando el lado oscuro de la humanidad, el de ti mismo; estás atestiguando los horrores que has hecho en todas las vidas y en todas las historias.

—¿Por qué me respondes en singular?

—Porque hace mucho que dejaste de preguntar en plural —respondió el universo con la más inefable de las expresiones.

... Entonces todo se aclaró. Ya no era Dios el que daba las respuestas. Era cierto. No había Dios; no como algo separado de todo lo demás. No había seres separados. Eran dos y eran uno, eran Juanito y Johncito en lo individual y en uno mismo. No había gringo y mexicano, no había uno y otro, no había un tú y un yo. Hablaban sin hablar con un Dios sin rostro que surgía de lo más profundo de su propio ser; se comunicaban con esa única existencia en el lenguaje del silencio. Percibieron la falsedad de todas las estructuras, vieron el laberinto desde afuera, y la intuición les dejó claro que en realidad no había laberinto. Eran todos. Eran todo... Y de pronto una duda los atravesó.

—¿Qué pasó? —preguntó desconcertado Juanito.

—¿Lo experimentaste? —respondió Dios lleno de plenitud.

—¿Qué cosa? —preguntó Johncito.

—La Unidad. Eso es lo único que hay cuando observas desde la conciencia: Unidad. Fueron uno y fueron todo. Fuimos uno y somos todo. Realidad sólo hay una y su única esencia es la alegría, la dicha, la serenidad.

—¿Y qué pasó? —preguntaron al unísono los querubines, pero cada uno por separado.

—A la mente no le gusta no estar. Está acostumbrada, desde siempre, a estar todo el tiempo, hasta cuando duerme el cuerpo. La mente siempre está, no sabe hacer otra cosa, por eso los travesó una duda. Pero ya experimentaron la Unidad, y ya saben que la realidad está más allá de la mente. Ya es de ustedes, ya no hay marcha atrás... Pero aprovechemos que han vuelto a la ilusión de la separación individual y cuéntenme lo que han aprendido.

Si el norte fuera el sur

Estados Unidos es un país con 3000 años de historia y un pasado de abolengo y glorioso. Una nación india que vivía en edénico contacto con la naturaleza, un pueblo que sabía que era imposible comprar o vender el cielo y la tierra, la frescura del viento o el fulgor del agua.

El antiguo pueblo gringo, en profundo contacto con el cosmos y con las verdades más sagradas, vivió milenios de paz y prosperidad, produciendo sólo lo necesario y sacrificando tan sólo los búfalos que podían comer. Para los antiguos gringos cada pedazo de tierra era sagrado: cada rama de cada pino, cada puñado de arena, la penumbra de la selva y la savia de cada árbol que llevaba consigo la historia de la milenaria grandeza gringa. El murmullo de los ríos fluía con la voz de sus antepasados.

Pero la ambición de los terribles hombres blancos de allende el mar comenzó a amenazar el paraíso norteamericano en 1492, cuando la codicia europea, representada por Cristóbal Colón, a quien Mefisto guarde en el infierno, comenzó a ver el gran botín de poder y riqueza que constituía el extremo norte del continente americano, donde todos los antiguos gringos vivían en paz, sin ambición ni codicia, sin maldad ni corrupción, inventos todos del terrible hombre blanco, específicamente de aquellos asquerosos piratas, de la peor escoria europea, que eran los conquistadores británicos.

Cuando éramos apaches vivíamos en la gloria, en la utopía, en un estado de inocencia de magnitudes bíblicas. Pero el diablo llegó al jardín del Edén, un diablo blanco e inglés llamado John Smith, un hombre avaricioso, ignorante, deforme, jorobado y sifilítico, quien junto a un puñado de piratas, no mejores que él, conquistaron Estados Unidos, ese maravilloso hogar de pacíficos y místicos apaches y comanches, nuestros ancestros conquistados.

Con ese infame Smith llegó el mal británico y aquellos avariciosos blancos que nos conquistaron usaron los recursos y la ubicación geográfica para comenzar el lento sometimiento de estos territorios. Por eso, por culpa de los conquistadores británicos, a quienes debemos odiar patrióticamente durante toda la eternidad, nos convertimos en el país más odiado, temido y envidiado. Por culpa de la avaricia que esos méndigos ingleses nos heredaron, nos dimos a la tarea de conquistar y someter el mundo, algo que jamás hubiéramos concebido cuando éramos unos inocentes pieles rojas.

Claro que la conquista de Estados Unidos, con sus tres milenios de sabiduría sagrada, por parte de los ignorantes británicos no hubiera sido posible por la buena, así que tuvo que ser a traición. Esa perversa Pocahontas, en lugar de permitir la muerte del infame John Smith durante un sacrificio sagrado, se puso del lado del conquistador, se rajó, se abrió ante él (como dice Mr. Peace), se le entregó en un alevoso acto de felonía, vileza e ingratitud. Y, por eso, sólo por eso, los desgraciados británicos pudieron conquistar al glorioso imperio piel roja que era Estados Unidos.

Luego vinieron dos siglos en que los gringos estuvieron sometidos por las cadenas de la esclavitud británica. Por eso ni siquiera vale la pena estudiar esos infames 200 años durante los cuales nuestra madera, nuestro algodón y nuestro tabaco fueron arteramente robados por los blancos, que sólo buscaban la oportunidad de cobrar más y más impuestos.

Pero un buen día de 1776, George Washington despertó harto de los abusos centenarios contra la patria apache y al grito de "Mueran los camisas rojas" comenzó una guerra para liberar a los indios de la opresión británica. Desde entonces somos libres, pero la esencia pirata de nuestros conquistadores impregnó lo más profundo de nuestro ser y perdió nuestra alma para siempre. Ahora somos avariciosos, sometedores y conquistadores. El mundo no basta para nosotros, pero todo es culpa de los ingleses.

Dios estaba desternillado de la risa ante esa ridícula versión de los hechos, tan divertida, que había elaborado Johncito. Una historia que no tenía ningún sentido por lo fantasiosa que era, y Dios, que todo lo sabe, entendió perfectamente el sentido irónico que el pequeño estaba tratando de demostrar. De hecho Juanito, quien al principio del relato estaba un tanto abrumado, molesto quizás, también había cedido al absurdo y compartía la risotada del Señor.

—Un poco ridículo, ¿no? —comentó Juanito.

—Ése es mi punto —dijo Johncito—. Para mi gusto, tan ridículo como esa versión que tanto les repiten en México.

—Bueno, pero Washington no era indio, sino inglés, descendiente de los conquistadores.

—¿Y qué era Miguel Hidalgo?

—Bueno… —Juanito prefirió cambiar el tema—, pero acá si había toda una serie de civilizaciones y mucha cultura.

—Claro, y acá también.

—Pero no es lo mismo.

—Sí, ya lo sé, te refieres a que en el norte hubo aniquilación y más al sur hubo mestizaje. Los gringos nos contamos una historia en la que está claro que somos de origen europeo y nada tenemos que ver con los 10 millones de habitantes que había aquí y sus civilizaciones, que también las había. Al mexicano le molesta que estereotipen a los indios de allá, pero se la pasa creyendo que aquí todos vivían en tiendas de piel, a la orilla de un río, en místico contacto con la naturaleza y fumando la pipa de la paz al pie de un tótem.

—Y a veces algo muy parecido se cuenta de los de acá. Sin tótem y con pirámides; pero justamente prevalece la idea de que todos eran mágicos y místicos, todos serenos, todos ecologistas y pacifistas, y todos hermanos.

—Lo cual también es ridículo. Ni que no hayan sido seres humanos.

—Pero yo no acabo de entender el sentido de tu historia al revés.

—Bueno, imagina que en México, aprovechando que sus habitantes hablan español, éstos se contaran una historia más del tipo de la gringa: que hablaran de la grandeza de los españoles con todo su maravilloso componente multicultural, desde griegos hasta árabes, y reconocieran la grandeza de España, un imperio que le daba la vuelta al mundo, cuyos viajeros llegaron a América, la conquistaron, derrotaron a grandes civilizaciones, formaron cuatro virreinatos que fueron ricos y poderosos, Nueva España entre ellos, y que presumieran que de ahí viene México.

—Eso no sería del todo exacto.

—Ni del todo falso. Tampoco es del todo exacta su versión indigenista, conquistada y lastimera, que llevan por lo menos un siglo repitiendo. Si en vez de su narrativa antihispana aceptaran la raíz, entenderían que toda esa grandeza histórica también es parte de México, que a fin de cuentas es hijo de grandes conquistadores.

—Lo cual seguramente aumentaría la autoestima nacional —dijo Juanito con una sonrisa.

—Así es. ¿Sabes? —continuó Johncito—, a veces siento que el gringo tiene mucho que envidiarle al mexicano, pues éste tiene cosas que aquél no puede tener. Con una narrativa menos traumada y traumática, México podría recuperar toda la grandeza de aquella raíz hispana, que se hunde hasta la cultura grecolatina, sin perder por eso toda la grandeza cultural de sus ancestros indios. Los gringos, en cambio, ni forzando nuestra historia llegamos hasta los griegos… De recuperar la grandeza de los indios americanos, ni hablar. No tenemos nada de ellos.

Hasta Dios estaba sorprendido un poco. Y eso que al saberlo todo, nada debía sorprenderlo. Pero no sólo era la historia alrevesada de Johncito, sino el hecho de que un gringo estuviera diciendo que había mucho que envidiaba a los mexicanos. Lo más interesante era que tenía razón: los mexicanos tendrían un mayor tesoro si aceptaran su totalidad en vez de negar la mitad de su ser, de su historia y de su cultura.

—Pues sí —respondió Juanito—, tienes razón. Aquí sólo nos acordamos de la raíz hispana para culparla de nuestros males. Si hay cosas negativas en nuestra vena hispana, creo que es nuestro individualismo… Pero, claro, si se niega la causa es imposible comprender el porqué de las cosas, y si no se comprenden esos motivos, mucho menos puede instrumentarse un cambio. Creo que en México urge desarrollar la individualidad y combatir el individualismo.

—Pues a mí esos términos me suenan muy parecidos —repuso Johncito.

—De hecho, son diametralmente opuestos —dijo Juanito, y comenzó a exponer lo que había reflexionado.

Individualidad contra individualismo

Una sociedad individualista carente de individualidad. Ésa es la paradoja en la que se ha convertido México. El individualismo puede carcomer a una sociedad hasta dejarla en estado terminal, en una putrefacción sin marcha atrás. Al borde de la muerte. La individualidad, en cambio, es lo único que puede sacar adelante a un ente colectivo, a pesar de que todos los sistemas que se han impuesto con algún tipo de colectivismo como bandera se han basado en la eliminación absoluta del individuo humano, dependiendo de manera absoluta de un falso individuo sin rostro que es el Estado. Eliminar al individuo como única forma de controlar a las masas.

El individuo real es impredecible; el falso individuo, parte del engrane masificado del pueblo o la nación, es predecible por completo... Mejor dicho: son predecibles sus actos, porque repite patrones y condicionamientos. No hablamos de individuos sino de pautas de comportamiento que se aprenden de manera colectiva y se repiten por inconsciencia pura.

Ninguna sociedad de millones de individuos puede ser controlada si tiene verdaderos individuos. Por eso hablamos de la sociedad de masas, donde las ideologías y las cosmovisiones se imponen desde la industria cultural de los medios, desde el poder, por medio del adoctrinamiento de una supuesta educación que esclaviza en lugar de liberar.

La masa no piensa, no siente, no discrepa. Es un océano sin gotas; es tan sólo el impulso de la marea, todo moviéndose por el oleaje pero sin vida propia. La sociedad de masas aniquila la individualidad, pero es campo fértil para el cáncer del individualismo.

Individualismo es eso que tenemos en México; individualidad es justo eso que no tenemos. El individualismo es egoísta, narcisista y, como tantas veces se define el mexicano a sí mismo, valemadrista. Es la actitud de buscar sólo el beneficio propio, la idea de que ser chingón es chingar a los demás, y de que ese es el único camino seguro para sobresalir.

El individualista es aquella persona sin educación social ni civismo, el personaje que nunca ha escuchado el concepto de los demás. Al individualista no le importa nada que no sea él. El país o la sociedad se pueden ir mucho a la chingada mientras él le saque provecho a la situación. Incluso colabora con la putrefacción social con tal de ganar algo para sí mismo.

Este individualismo no conoce de clases sociales, aunque se comporta de forma distinta y con causas diversas en cada cual. Lo podemos ver en los más pobres, y su actitud es simple y comprensible: si no obtienen nada de la estructura no se sienten obligados a devolverle nada. Entre los más ricos sólo importa la riqueza propia, muchas veces construida sobre el fango más pestilente de la sociedad. El *gandallismo* del mexicano rico puede llegar a ser de los peores del mundo. El abuso como sistema. La clase media suele pensar que si todos abusan del individualismo, ella no tiene por qué ser la excepción. El mejor pretexto del individualista siempre es el mismo: si los demás lo hacen, yo por qué no.

Pero la sociedad de masas parece no dejar más opciones: la rebelión del sujeto contra la imposición masiva consiste en tratar de reafirmarse como individuo a través del individualismo, no de la individualidad. En las sociedades democráticas, que son masivas por naturaleza, el problema es mayor, ya que la democracia pretende precisamente descansar sobre el respeto al individuo, respeto que se manifiesta en el paquete de libertades democráticas, como la de prensa, la de disidencia y, desde luego, la de expresión. Cada persona puede pensar lo que quiera... siempre y cuando en conjunto piensen dentro de los esquemas ideológicos que ofrece la sociedad en el mercado de las opiniones.

Engranes que se sienten individuos. De éstos está formada la democracia: de esclavos que se sienten libres e individuales. Pero toda sociedad de masas se funda en sistemas de creencias y en ideologías, es decir, en ideas que vienen en paquete y que no son pensadas por el individuo sino transmitidas por los líderes de masas. La tendencia política, los sistemas de valores, los gustos estéticos, las modas y, desde luego, la religión, todos son esquemas prefabricados que consumen las personas sin pensar, al mismo tiempo que pretenden ser individuos.

La sociedad masiva atenta contra los verdaderos individuos, ya que le quitarían su carácter de masa a la sociedad y, por lo tanto, el control sobre ella. La individualidad es lo único que puede salvar a la sociedad, pero sus líderes no buscan esa salvación, porque sólo cuando todo va mal, esos líderes tienen trabajo, sólo cuando el lobo amenaza de forma constante, el pastor es solicitado por las ovejas. El conflicto es el mercado del político.

Como en realidad la sociedad no existe, es evidente que no puede ser salvada por la propia sociedad, sino tan sólo por los individuos que la integran, que serán absolutamente inútiles si viven bajo la ilusión ideológica de su supuesta libertad individual. El individualismo aniquila a la sociedad; la individualidad la salva... Pero los líderes se erigen como salvadores y por eso no pueden tolerar la individualidad.

La individualidad implica que la persona humana no sólo se ufane de que es única e irrepetible, sino que se comporte y se asuma como tal.

Quien posee una individualidad auténtica no cree nada que no investigue y que no experimente. No cree en grupo, junto a los demás, ni necesita a los otros para justificar sus ideas. No tiene nada que justificar, pues sus acciones no tienen objetivo ni buscan resultados. Sus acciones son recompensa, objetivo y resultado en sí mismas. Por eso esa persona siempre es dichosa.

La individualidad no sabe de nada sagrado que no sea la existencia misma: nada de Escrituras ni vacas sagradas. No se escuda en fantasmas del pasado ni en frases hechas. Quien es dueño de la individualidad no necesita ser salvado porque sabe que no nació caído, y, desde luego, no compra la patraña psicosociológica de la necesidad de pertenencia, ni la obsesión de los fanáticos con su necesidad de creer en algo.

La individualidad fomenta seres libres, creadores y creativos, independientes y autosuficientes; autónomos y no autómatas. Estos individuos no necesita a la familia, ni al

Estado, ni al grupo, ni al partido, ni a la virgencita, ni al equipo de futbol. Aunque saben que no pueden desarrollar su individualidad plena, ni disfrutarla de manera absoluta, si no es en el seno de la sociedad. Por eso saben que ésta es necesaria y por eso la defienden, pero con el individuo como verdadero soberano.

El individuo no sabe de estructuras, por eso es libre y por eso es individuo; el individualismo aniquila a la sociedad y, por añadidura, a los individuos, y la individualidad rescata al individuo y, por lo tanto, a la sociedad.

—Pero si seguimos hablando de individuos —dijo Johncito—, ¿cómo será posible experimentar la Unidad que hemos experimentado y de la que hemos estado hablado?

—Ciertamente parece una contradicción —respondió Juanito, dubitativo—, pero así como el individualista está sometido a las estructuras, el individuo se libera de ellas, para crear lo propio y lo original; se libera de la prisión de las masas, de las ideologías y de la identidad, y sólo entonces puede encontrar su verdadero ser.

—Pues, no lo sé; a mí me sigue pareciendo contradictorio —volvió a decir Johncito.

—Así lo parece —terció Dios—, pero no lo es. Recuerden que las contradicciones sólo existen en la mente, y no en la realidad. La única contradicción posible de la existencia sería la no existencia. Y eso, como resulta evidente, no existe.

—Y si no existe, ¿cómo podemos pensar en ella, así como en el no ser, si no existe? —preguntó uno de los querubines.

—Pues porque la mente piensa en contradicciones. La no existencia o el no ser es un juego mental de teólogos y filósofos. Piensen niños: ¿existe Darth Vader o Harry Potter?

—Pues evidentemente no —respondieron los ángeles tajantes, a una sola voz, en medio de risas, celebrando la ocurrencia divina.

—Pues claro que *sí* —respondió Dios—. Sí existen. Y tan es así que estamos hablando de ellos. Y existen porque tienen fanáticos y seguidores, y han cambiado la vida de muchas personas. El tema, desde luego es que, aunque existen, no son reales, sino sólo una fantasía, un juego de la mente. La diferencia entre esas ficciones y muchas otras es que la gente sabe que son ficciones.

—¿Ficciones como...?

—Como todas las Escrituras que todas las religiones dicen que Yo dicté. Metáforas y parábolas, poesías y relatos, fábulas y paradojas, escritas así para tratar de explicar con lenguaje claro algo que va más allá de la razón y, por lo tanto, del lenguaje mismo. Quienes las escribieron lo sabían, pero la mayoría de los que las leen, no. Convirtieron esas ficciones literarias en realidades literales.

—¿Entonces los mitos no son malos?

—Pues claro que no. Lo terrible es confundirlos con la historia. Los mitos son simbólicos, la única forma como la razón de la mente y del lenguaje humano puede expresar la irracionabilidad de la existencia. Los mitos originales de la humanidad pretendían que la mente rompiera las estructuras y tristemente fueron utilizados para hacer estructuras y encadenar a la mente... Niños, ha llegado la hora...

—No —interrumpieron a Dios—, no queremos regresar. Aquí estamos bien. Pensábamos sólo que íbamos a ver y a entender a los gringos y a los mexicanos, pero de pronto paseamos por medio mundo y por medio milenio. Ha sido muy triste y muy agotador.

—Pero muy productivo. Así de sutil es la absoluta interdependencia de las cosas, una prueba más de que todos somos Uno.

—Ya lo aprendimos, Dios.

—No es cierto, desde que me siguen diciendo Dios y me siguen hablando desde su individualidad en vez de ser uno mismo Conmigo.

—Ése es el otro tema, Dios —dijeron los dos querubines—. Como que nos hiciste trampa. Todo comenzó porque no entendíamos a gringos y a mexicanos. Se supone que para eso nos enviaste al mundo. Y cuando nos dimos cuenta, estábamos atravesando estructuras y hablando de la Unidad de toda la existencia más allá de la mente.

—¿Y qué esperaban? —respondió Dios con su espléndida y serena expresión—. No existen los gringos ni los mexicanos, ni alguna otra etiqueta de ningún tipo. Sólo existen los seres humanos y todos son iguales. La diferencia la hacen las diversas construcciones de la mente. Además, saben perfectamente que Dios es tramposo... Pero créanme: no se puede comprender a unos sin comprender a todos. Todos son humanos, todos son iguales.

—¿También los políticos?

—Los políticos más que nadie —respondió Dios en medio de su divino y jocoso éxtasis—, que son demasiado humanos, con mucho miedo. De ahí sus obsesiones de control y dominio, de ahí la forma obstinada en que se aferran a sus ideas, de ahí su necesidad de ser vistos y tomados en cuenta, de ahí su necesidad de poder. No vayan a pensar que ellos son seres libres que someten a los demás a las estructuras… Ellos son los primeros sometidos y los que necesitan la liberación con más urgencia. Las estructuras los tienen prisioneros a ellos más que a nadie, además de que el laberinto de su mente es mucho más complicado. Acaban siendo víctimas del mismo modo que los demás. Ustedes tienen que aprender lo anterior. De lo contrario no habrán aprendido nada.

—Creo que hemos aprendido lo suficiente. Preferimos quedarnos aquí y contemplarte.

—¡Pero la historia no se ha terminado!

—No importa, ya todo es lo mismo, ya todo es la continuidad de sus patrones y sus condicionamientos, de sus pautas inconscientes de conducta. Preferimos quedarnos y contemplarte.

—Contemplar a Dios por toda la eternidad debe ser aburridísimo —respondió Dios—. ¿No preferirían que al contemplar a Dios puedan contemplarse a sí mismos; o al revés, que es lo mismo: experimentar, por toda la eternidad de la que hablan, la unicidad de la existencia?

Qué terrible blasfemia había pronunciado el mismísimo Dios. Ser uno con Dios cuando los teólogos aseguran que Dios y el mundo son cosas distintas, que uno no puede fundirse con Él, que eso de que todo es Dios y Dios es todo era una blasfemia medieval llamada panteísmo, o alguna de esas patrañas místicas de Oriente.

Dios interrumpió esos pensamientos:

—Tienen razón. Han estado mucho tiempo paseando por la estructura de la historia, muy específicamente en el lado occidental del mundo, que es donde nacieron esas teorías en las que están pensando. La mente divide, y ésa es la más terrible de las divisiones que hace: dividir la realidad, hablar de lo sagrado y lo mundano como cosas distintas, del cuerpo y el espíritu como algo separado. Si sabemos que tiempo y espacio en realidad son *espacio-tiempo*, y que materia y energía en realidad son *materia-energía*, creadora de dicho *espacio-tiempo*, ¿qué les impediría pensar que no hay un *cuerpo-espíritu*? —los ángeles se miraron entre sí sin saber qué responder—. Se los dice la mente —agregó Dios—, la mente y los filtros programados por su cultura desde los cuales interpretan la realidad. Recuérdenlo bien durante este último viaje: realidad sólo hay una. Lo demás son interpretaciones.

EL CUARTO PASEO

POR LA HISTORIA

Cuando no teníamos frontera

Hubo un tiempo en que México y Estados Unidos no tenían frontera y un vasto territorio se interponía entre ellos. Fue más o menos en la época en que los gringos migraban a México para entrar como ilegales, el tiempo en que empujaron su frontera hacia los límites mexicanos y, ya entrados en gastos, siguieron empujando.

Inglaterra reconoció la independencia de sus 13 colonias y el nacimiento de Estados Unidos de América en 1783. En aquel tiempo los británicos eran dueños de casi todo el continente norteamericano. Y al país que acababa de nacer le reconocieron la soberanía sobre un territorio que iba desde los límites de Florida hasta los Grandes Lagos, y de la costa del Atlántico hasta el río Misisipi. Entonces no había frontera con México porque aún no existía: Texas era propiedad española, y la Luisiana, ese gran pedazo en medio, era negociado entre españoles y franceses.

En 1763 Francia había cedido Luisiana a España por medio del Tratado de París, y la había conseguido de vuelta en 1800 en el Tratado de San Idelfonso, pero como Napoleón decía que para hacer la guerra hacía falta dinero, dinero y más dinero, y el dinero se le estaba terminando antes que sus guerras, en 1803 vendió Luisiana a Estados Unidos. Así fue como de pronto se duplicó el territorio gringo.

La Luisiana se extendía desde el Misisipi hasta Texas, así que ahora Estados Unidos hacía frontera con España, con el agregado de que los gringos aseguraban que Texas era parte del territorio comprado a los franceses. Entre piratas te veas.

Para no meterse en un conflicto con España antes de estar en posibilidades de ganarlo, los gringos firmaron con los gachupines un tratado de límites, que los españoles, rolleros como son, conocieron como "Tratado de Amistad, Arreglo de Diferencias y Límites entre su Majestad Católica el Rey de España y los Estados Unidos de América". Los gringos, pragmáticos como son, le dicen Tratado de Florida.

En dicho tratado, hoy conocido como Tratado Adams-Onís, por ser pactado por John Quincy Adams y Luis de Onís, se estableció la frontera entre lo español y lo gringo, y la soberanía de Texas quedó en posesión de España, y toda la Luisiana y el territorio de Oregón en posesión de Estados Unidos. Pocas décadas después de haber nacido, los gringos ya llegaban de costa a costa.

No es que los gringos hubieran renunciado a Texas para siempre, pero así son ellos: hoy dan y mañana quitan. Sus tratados duran hasta que convenga, ni un día más ni un día menos. Ahí están los indios norteamericanos para comprobarlo. El Tratado Adams-Onís fue firmado en 1819 pero ratificado hasta el 22 de febrero de 1821. México estaba con dolores de parto, más o menos durante los mismos días en que fue firmado aquel tratado. Agustín de Iturbide pactaba con Vicente Guerrero para luchar juntos por la independencia.

El 27 de septiembre de 1821 el Ejército Trigarante, con Iturbide a la cabeza y Guerrero a la retaguardia, desfiló triunfante en la Muy Noble y Muy Leal, Real e Insigne Ciudad de México, que es como se llamaba entonces el Distrito Federal, pero que ya tampoco se llama así, pues de manera oficial ahora se llama simplemente Ciudad de México. Al día siguiente se firmó el Acta de Independencia del Imperio Mexicano, acto al que fue invitado Fernando VII para que eventualmente ocupara el cargo de emperador de la nueva nación, pero el soberano rechazó tal invitación.

Y así, de pronto, surgió un conflicto fronterizo y territorial. México aseguraba que era dueño de Texas; España no reconocía la independencia de México y no pensaba ceder Texas, por más vacía que estuviera, y los gringos tenían claro que la circunstancia les convenía a ellos, pues el tratado correspondiente lo firmaron con España y no con México, y ellos también querían Texas.

En 1832, un México aún no reconocido por España ratificó el tratado de límites con Estados Unidos. Y el mismo año en que España aceptó la inevitabilidad de la independencia (1836), los texanos, en su mayoría gringos que habían migrado con permiso de España y luego de Vicente Guerrero, más otros tantos migrantes ilegales, declararon la independencia de la República de Texas. En 1845 esa Texas independiente pidió su anexión a la Unión Americana.

Las cosas como son: en aquel tiempo era mucho más conveniente ser parte de un país como Estados Unidos que garantizaba el progreso, que de una nación como México que deparaba inestabilidad, caos y violencia. Además de que había más gringos que mexicanos en Texas. Aun así, a Santa Anna no le gustó nada lo que él consideró un *agandalle* gringo… Y ahí están los antecedentes de la guerra entre gringos y mexicanos.

Pasemos por alto el discurso lastimero de esa guerra, pero no la reflexión que ya se ha hecho con toda América Latina: ¿por qué los gringos tenían el poder, la organización y la capacidad de multiplicar por cuatro el territorio de su país recién nacido, e incluso le compraron territorio a Napoleón, y nadie en el resto de América poseía esa misma facultad?

La historia de la guerra es conocida pero vamos a resumirla: los gringos ganan, entre otras cosas, porque en los Estados Unidos Mexicanos, los mexicanos, peleando entre sí, no se unieron ni ante la invasión. Algunas entidades de esos supuestos Estados Unidos Mexicanos se declararon neutrales en dicha guerra y algunos hasta coquetearon con la autonomía. Lo demás es lo de menos. Pasemos a la parte no contada de la historia que es la que más da para la reflexión en torno a eso que genera el progreso: las ideas.

En 1848 se firmó el Tratado de Guadalupe Hidalgo por medio del cual México cedía el territorio de Arizona, Nuevo México y California, que no fue vendido sino perdido en la guerra. En el tratado debía contemplarse la situación de los mexicanos que vivían en esos territorios, unos 90 000 de un México que entonces tenía ocho millones de habitantes. Se acordó que los mexicanos que quisieran irse de esa zona recibirían apoyo para mudarse a México, porque de pronto eran migrantes sin haberse movido de sus lugares de residencia; los que quisieran quedarse podrían hacerlo y pasar a ser gringos legalmente: se quedaron 70 000.

Muchos no se enteraron de que habían dejado de ser parte de México y ahora pertenecían a Estados Unidos. A muchos otros no les importó, a otros más les resultó chocante, y aun a otros más les agradó la idea.

De 90 000 que eran se quedaron 70 000, quienes quizás no migraron al sur, porque consideraron que su vida y su prosperidad eran más importantes que una abstracción llamada patria, quizás no sintieron la obligación de ser leales al concepto de país pero sí al territorio en el que vivían. A fin de cuentas eso es la patria: el lugar donde se nace, no las abstracciones que se elaboran en torno a ese hecho.

Setenta mil personas se quedaron porque quizás no tenían motivos para viajar a México. Así de simple. Se quedaron en el mismo territorio, con los mismos recursos, pero con distintas ideas de las que sí surgía la prosperidad. Ése fue el cambio para esa gente. Un dato cultural importante: no sólo aquellos extranjeros en tierra propia no viajaron al sur, sino que, una vez que los gringos acercaron la frontera, los mexicanos comenzaron a migrar hacia el norte. Eso hay que reflexionarlo sin nacionalismo: la gente aspira a vivir mejor.

Así las cosas, desde entonces hasta hoy nadie en Estados Unidos huye en busca del sueño mexicano, como no sea para vivir su retiro en Playa del Carmen o Ensenada. Los gringos no migran en busca de las bondades del sueño hispano o indigenista. Nadie huye de Estados Unidos a México en busca de oportunidades, igual que los proletarios de la Europa occidental no huían al paraíso proletario de los soviéticos, pesadilla de la que sí trataban de huir los proletarios de allá.

La primera vez que el gobierno mexicano envió agentes para ayudar a repatriar a los que así lo quisieran, sólo 2000 decidieron empacar sus cosas y viajar al sur para seguir siendo mexicanos. Mientras tanto, los habitantes de Sonora viajaban al norte, aprovechando que les habían acercado la frontera y que la prosperidad económica comenzaba a llegar a eso que antes era un territorio yermo. La mayoría no buscaba quedarse, sino hacer dinero y volver… Pero la mayoría se quedó.

En 1857, el gobierno de Benito Juárez comenzó en medio de la guerra, y en 1860, en plena guerra civil mexicana, comenzó la guerra civil norteamericana. Habiendo guerra de ambos lados de la frontera, no había muchas opciones para la población, pero la migración siguió dirigiéndose hacia el norte. Los mexicanos iban a aquel territorio otrora de dominio mexicano. Evidentemente no los atraía la riqueza de aquella tierra a la que no recurrieron cuando era mexicana. Ahora que ya no lo era resultaba ser próspera… Quizás por las ideas gringas.

En 1861, terminada la guerra civil mexicana, por lo menos de momento, con Benito Juárez ya instalado en la Ciudad de México, pues durante la guerra tuvo que gobernar desde Veracruz, el gobierno ofreció tierras a los que quisieran volver… Pero muy pocos volvieron. La riqueza no está en las tierras sino en las ideas. En tiempos de don Porfirio se les ofrecieron tierras y los gastos de su viaje de regreso… Pero no regresaron.

Esas tierras hoy tienen los mismos recursos que ayer. En la frontera del río Bravo el desierto es igual de desolado en ambos lados, pero produce más del lado gringo. La diferencia no son los recursos sino las ideas. Más o menos ocurre lo mismo con el petróleo: en México hay mucho, pero lo que falta son nuevas ideas para aprovecharlo mejor.

Cinco de mayo: América para los mexicanos

En 1823 el presidente James Monroe le dejó clara a Europa la doctrina que lleva su nombre: "América para los americanos", es decir, para Estados Unidos. Ese hecho histórico se conmemora cada 5 de mayo en el país del norte.

Ese mismo día, en México se celebra la victoria de la batalla de Puebla contra las tropas invasoras francesas. Un dato curioso: se festeja que el 5 de mayo de 1862 fueron vencidos los franceses, a pesar de que en junio de 1863 la bandera francesa ondeaba en la Ciudad de México, derivado de lo cual en 1864 teníamos, con apoyo francés, el imperio de ese gran ingenuo que fue Maximiliano de Habsburgo.

Habría que cuestionar esa mexicana tradición histórica de conmemorar derrotas o victorias a medias, pero más cuestionado debería ser el hecho de que en Estados Unidos se festeje con tanta algarabía el 5 de mayo. Ese día el gobierno deja de perseguir migrantes y simula querer a los mexicanos a los que discrimina el resto del año. Vaya, hasta invitan a mexicanos y a latinoamericanos en general a que pasen el día en la Casa Blanca, en un festejo que allá se llama Día de la Hispanidad. Por qué, si no ganaron nada ese día… ¿O sí?

Es difícil comprenderlo, debido a nuestra tradición de hacer historia mirándonos el ombligo, aislados del mundo, porque somos tan obcecadamente nacionalistas, que pretendemos que a nuestro país, soberano como es, no le afecta la teoría del caos que es la historia.

Lo cierto es que todo el episodio de la Intervención francesa, desde la invasión, en 1862, hasta la expulsión, en 1867, con fusilamiento de Maximiliano incluido, fue algo que México vio pasar sin poder hacer mucho, algo que dependió de cómo los hombres poderosos de cada época planean el reparto del mundo, de cómo México, siempre estratégico, casi nunca logró sacar ventajas de esa situación estratégica.

Para comprender lo que rodea los sucesos del 5 de mayo, es fundamental comprender la era del imperialismo, periodo histórico que va de la segunda mitad del siglo XIX a la Primera Guerra Mundial. Lo anterior porque aquélla es la etapa en que las grandes potencias europeas, o los países que aspiraran a serlo, se dedicaron a crear imperios mundiales hasta repartirse el planeta entero. Cuando todo estaba repartido y aún querían más, comenzó la guerra.

Todo tiene su origen en la Revolución industrial, que fue una consecuencia del proyecto burgués que comenzó con la Ilustración. El proyecto burgués es claro: dominio total y uso del conocimiento, la ciencia y la tecnología para obtener la hegemonía del mundo. Para lo anterior tenían que derrocar a los poderes del antiguo régimen, lo cual comenzaron a hacer con la Revolución francesa. Y para detentar el poder que le quitaban a los monarcas hacía falta un nuevo discurso legitimador. Ese discurso fue el de la democracia, tan falso como el derecho divino de los reyes.

La Revolución industrial consistió básicamente en que el hombre europeo descubrió nuevos energéticos, como el vapor y la electricidad, y pudo mover máquinas que hacían el trabajo de cientos o miles de hombres. El potencial de la producción se multiplicó de manera nunca antes vista y jamás pensada.

La capacidad de transformar recursos naturales en bienes de consumo, que es lo que significa industrializar, otorgó a los poderosos de entonces mayor dominio del que jamás hubiera podido soñar algún otro poderoso de la historia; pero también generó más necesidad de recursos que en cualquier otro momento de la historia, más ambición de posesiones y mayor obsesión de dominio, y como consecuencia, y lo más importante, fomentó la capacidad bélica industrial para obtener todo lo anterior.

La lógica era simple: con los nuevos combustibles y con las nuevas tecnologías se podía producir mucho más, pero para aumentar esa producción se necesitaban más recursos. Y como en Europa había pocos recursos era necesario hacerse de los del resto del mundo. Además no bastaba la producción, pues la riqueza dependía de la venta, lo cual significaba que se necesitaban mercados. Y ya que se hubo obtenido colonias por todo el planeta para despojarlas de sus recursos, esas mismas colonias también serían sus mercados. Ésa fue la receta para enriquecer a Europa a través del empobrecimiento del resto del mundo.

Europa comenzó la lenta conquista de África y Asia desde el siglo XVI, cuando la economía se basaba en el intercambio y le bastaba con el dominio de los puertos. Para mediados del siglo XIX todo el continente africano, el Indostán, la Indochina y el sureste asiático, eran propiedad de una decena de países europeos… Y no les eran suficientes, con lo cual América se convirtió en su gran tentación.

Por más tentadora que resultase América para las potencias europeas de principios del siglo XIX, la realidad era que el continente le pertenecía a España, aunque la economía de los virreinatos dependía en gran medida de Inglaterra. Fue entonces que los ingleses decidieron independizar a América; mejor aún, convencieron a los hispanoamericanos de que pugnaran por su independencia. De ese modo, algunos criollos, miembros de la masonería inglesa, educados en Inglaterra, con planes de liberación fraguados en ese país, y con financiamiento inglés, como Simón Bolívar y José de San Martín, emprendieron la "liberación" de América.

Pero, le pese a quien le pese, había un país americano, el primero en independizarse, donde sí había objetivos, planes y proyectos a largo plazo: Estados Unidos. El proyecto a largo plazo de aquel país era convertirse en potencia mundial, para lo cual debía ser un gigante económico. Para lograr lo anterior tenía que entrar a la carrera industrial, y para hacer esto último era necesario, siguiendo el modelo europeo, poseer territorios de donde debía obtener los recursos que alimentaran la industrialización, y que a su vez funcionaran como mercados. En ese contexto James Monroe sentenció: "América para los americanos".

La Doctrina Monroe era de doble vía: no sólo era una exigencia sino también ofrecimiento, una invitación a que Europa no se metiera en América, a cambio de lo cual Estados Unidos no se metería en África y Asia, los territorios que estaban colonizando las potencias europeas.

Era una visión a largo plazo. En aquel tiempo no había comenzado la gran industrialización de Estados Unidos, ni éste tenía la posibilidad de derrotar a los europeos, pero iban marcando su territorio, progresivamente. El meollo del asunto, desde luego, era que los europeos respetaran la sentencia, cosa que desde luego no hicieron. Eso es lo de menos, ahí estaba el proyecto y dicha sentencia. La fuerza para llevarlo a cabo vendría después.

Francia siempre había querido una parte de América para su dominio pero nunca logró tenerla, más allá de algunas islas sin importancia y un pedacito de la costa sudamericana. Desde el siglo XVI quedaron fuera del reparto del sur, y en 1763 tuvieron que ceder a Inglaterra y a España la parte que poseían en América del Norte. Pero los franceses jamás olvidan y el siglo XIX presentaba la oportunidad de la revancha.

Luis Napoleón Bonaparte fue presidente y luego emperador de Francia, de 1848 a 1870, el periodo de la gran carrera industrial francesa. Napoleón III veía con miedo la expansión norteamericana, desconfiaba de la Doctrina Monroe y buscaba fortalecer a algún país de la América hispana, Latinoamérica, como él la bautizó, o crear uno suficientemente fuerte para frenar la expansión yanqui.

La debilidad mexicana ofrecía esa oportunidad. El país se había desgarrado en una terrible guerra civil entre 1858 y 1861, confrontación entre conservadores y liberales que en 1861 ganaron, por lo menos momentáneamente, los segundos, con Benito Juárez como presidente.

Pero no fue el fin de la guerra. Aquí es importante recordar que la guerra la ganaron los liberales gracias al apoyo de Estados Unidos, con el que, en 1859, el gobierno de Juárez firmó el Tratado MacLane-Ocampo, a través del cual cedía a perpetuidad, a Estados Unidos, tres franjas de territorio mexicano. Fue una fragata estadounidense, la *Saratoga*, la que finalmente derrotó a Miguel Miramón y le hizo entender que la guerra ya no era contra Juárez sino contra el vecino del norte.

La situación en Estados Unidos no era fácil. El país venía arrastrando una serie de conflictos internos que también desembocaron en una guerra civil (Guerra de Secesión), en 1861, confrontación que se prolongó hasta 1865. Este escenario de guerra interna en Estados Unidos fue la oportunidad que vio Napoleón III para intervenir en México... Pero para hacerlo necesitaba un pretexto.

Dicho pretexto lo proporcionó el propio presidente Juárez, quien una vez restablecido su poder en la capital mexicana, en enero de 1861, declaró de forma unilateral la suspensión de pagos de la deuda externa por dos años. Aquello por sí mismo no era causa de una declaración de guerra, sino tan sólo de presión y negociación, que fue lo que hicieron Inglaterra y España. Pero Napoleón III ya había negociado con los conservadores mexicanos una invasión, es decir, un contraataque conservador. Las tropas invasoras arribaron al país a principios de 1862.

En las cercanías de Puebla las hostilidades comenzaron desde el 2 de mayo, pero fue durante la mañana del 5 cuando los ejércitos se enfrentaron. Entre la estrategia de Ignacio Zaragoza y la impaciente temeridad de Porfirio Díaz, los franceses cantaron la retirada. Victoria mexicana. Las armas mexicanas se cubrieron de gloria, escribió Zaragoza a Juárez.

El problema es que se ganó en Puebla y se obligó a los franceses a retroceder, pero no se les persiguió a Córdoba donde se habían instalado, no se les replegó hasta el puerto ni se les expulsó del territorio. Ahí en Córdoba los franceses tuvieron tiempo de recuperarse, reagruparse con otros 30 000 soldados franceses de refuerzo, aparte de algunos mexicanos conservadores, y volver a lanzarse sobre Puebla en marzo de 1863. Nuestra derrota en esa segunda batalla de Puebla fue aplastante: las tropas francomexicanas siguieron su avance, y en junio de 1863 ocuparon la capital del estado.

Los conservadores mexicanos y los invasores franceses ganaron en 1863 e impusieron a Maximiliano en 1864, cuyo efímero Segundo Imperio Mexicano sólo duró tres años, ya que durante la tercera batalla de Puebla, el 2 de abril de 1867, Porfirio Díaz derrotó definitivamente a las tropas imperiales, conformadas por muy pocos franceses, algunos soldados belgas y austriacos pagados por la Casa Habsburgo, y miles de mexicanos del bando conservador.

El triunfo final fue para México. El Imperio fue derrotado y Juárez demostró que no lo arredraban ni Napoleón III ni los Habsburgo, cosa que lo ponía por encima de casi cualquier político europeo de entonces. La coyuntura mundial jugó de nuestro lado y Benito Juárez supo cómo poner el contexto a nuestro favor, entre otras cosas, por haber tenido siempre muy claro algo que los juaristas de hoy no entienden: que Estados Unidos es nuestro aliado natural.

En 1865 terminó la guerra civil de Estados Unidos, el gobierno estadounidense pudo enviar apoyo al gobierno de Juárez y Napoleón III comprendió que mantener su apoyo a Maximiliano era como confrontar a Estados Unidos. Pero el momento decisivo ocurrió en 1866, con la aparición de un personaje que hipotéticamente nada tenía que ver con nuestra historia, Otto von Bismarck, canciller prusiano del rey Guillermo I, marcaron el rumbo de nuestro destino. Bismarck estaba decidido a unificar todos los Estados germanos en un solo Imperio alemán. En 1866 creó la Confederación Germana del Norte, con lo cual comenzó la integración de los Estados alemanes del sur, entre ellos Alsacia y Lorena, entonces propiedad francesa. Ese hecho orilló a Napoleón III, ese mismo año, a retirar sus tropas de México.

Fue así como entre el valor y el coraje de los mexicanos liberales, la desunión de los mexicanos conservadores, el fin de la guerra civil estadounidense y el proceso de unificación alemana en Europa, tomó rumbo nuestro destino. A todo eso, desde luego, hay que añadir la mente estratégica de Benito Juárez, el hombre que supo entender lo valioso e importante que era nuestro país en los planes norteamericanos.

Finalmente, Melchor Ocampo, en nombre del gobierno de Juárez, ya había firmado el tratado que lleva su nombre y el de Robert McLane, ministro de Estados Unidos. Para derrotar a los conservadores comprometió parte del territorio nacional, pero obtuvo la ayuda que necesitaba para lograr sus objetivos. Después Juárez supo aprovechar la debilidad estadounidense, derivada de la Guerra de Secesión, y entender que la defensa de la soberanía nacional mexicana también era la defensa de la Doctrina Monroe, y que Estados Unidos tenía tanto interés de liberar a México, como el propio México.

Estados Unidos siempre ha necesitado de nuestro país, pero Benito Juárez, el gran aliado y admirador de los gringos, porque eso es lo que fue siempre, ha sido uno de los pocos políticos mexicanos que han sacado ventaja de esa situación, quizás por no entregarse, como todos los mexicanos desde la Revolución, al discurso lastimero.

Con el fin del Imperio mexicano se acabó el intervencionismo europeo en América. México recuperó su soberanía y Estados Unidos consolidó su Doctrina Monroe. El triunfo definitivo no ocurrió el 5 de mayo de 1862 sino el 2 de abril de 1867. ¿Por qué los norteamericanos conmemoran el 5 de mayo?: para que su mito no choque con el nuestro, que a fin de cuentas es del que se están colgando. Y quién sabe, quizás porque Díaz nunca fue para ellos el aliado que fue Juárez. Finalmente don Porfirio, para no depender exclusivamente de Estados Unidos, abrió las puertas de nuestra economía a los europeos.

El 5 de mayo o el 2 de abril, poco importa para ellos que ante todo son pragmáticos, finalmente es el día en que toda la América hispana —por eso le llaman Día de la Hispanidad— quedó bajo su dominio absoluto; dominio que, de haber seguido teniendo hombres como Juárez y Díaz, sería compartido en sociedad con México… Pero luego vino la Revolución, su nacionalismo barato, sus discursos lastimeros y su visión ombliguista de la realidad: América ya no fue para los mexicanos.

De utopía a imperio, de sueño a pesadilla

Hoy puede parecer extraño e incluso ridículo, pero hubo un momento en que sí existió un sueño americano. Hubo un tiempo de la historia en que los Estados Unidos de América fueron el sueño utópico; sí hubo una época en que ese nuevo país fue un ideal, un anhelo, una tierra de oportunidades para las masas oprimidas que buscaban de libertad. Hubo un tiempo en que Estados Unidos fue efectivamente la tierra de la emancipación, la ilusión a la que se encaminaban muchos hombres y mujeres, decepcionados de aquello en lo que se había convertido el Viejo Mundo.

Hubo momentos de la historia en que Estados Unidos, desde antes de ser esa gran nación, fue refugio de los perseguidos por causa de la intolerancia religiosa, la censura y la inquisición. Existió una época en que todo aquel hostigado, por la causa que fuera, podía encontrar un refugio en Norteamérica y salir adelante con trabajo arduo, sin importar sus ideas ni su religión... Fueron tiempos en que los Estados Unidos eran una utopía y no un imperio.

Hubo un tiempo en que los Estados Unidos fueron un gran proyecto, con una ética comunitaria en la que sí creían; una época en que, en contraste con las diversas guerras y persecuciones europeas, se presentó como una tierra de libertad. Mientras en Europa la economía se estancaba por conflictos entre los poderes del antiguo régimen, como la Iglesia y la nobleza feudal, y las nuevas ideas burguesas, que a su vez eran limitadas por las monarquías, Estados Unidos se convirtió en una tierra donde era casi imposible no hacer dinero y vivir con prosperidad, y con un futuro en el horizonte.

En un principio, lo que atraía de Norteamérica era la libertad, pero con el paso del tiempo fue el hecho de ser un gran territorio donde era posible poseer tierras, un lugar donde uno no estaba determinado por la nobleza, por la herencia o por los ancestros, sino por el trabajo, los proyectos, la productividad y las ideas.

Con el ideal de tierras, propiedades y libertad, Estados Unidos recibió oleadas de millones de migrantes, todos entusiasmados con la esperanza de formar un país diferente de la vieja Europa. La promesa de prosperidad atraía a millones y el gobierno estadounidense requería de esos millones para colonizar Norteamérica de costa a costa…

Pero hay una idea que nunca abandonaron, uno de sus viejos patrones del pasado que no dejaron enterrado en el Viejo Mundo y lo arrastraron, como un germen terrible que desde entonces, en lo profundo de la repetitiva mente humana, amenaza con convertir el sueño en pesadilla: su obsesión de dominio, es decir, su idea de ejercer control sobre todos y sobre todo: la naturaleza, las cosas y las personas, a las que convertían en cosas, en medios y no en fines.

En nuestros días prevalece un discurso en contra de los gringos en todo el mundo, pero específicamente entre los países latinoamericanos. Sin embargo, hay que recordar que en el siglo XIX Estados Unidos era admirado por toda la América hispana liberada. De su ejemplo nacieron repúblicas en territorios que sólo conocían monarquías. El crecimiento y el progreso del primer país liberado de América fueron vistos con esperanza, como promesas de que la libertad y la democracia traerían consigo la prosperidad para todo el continente.

Con el tiempo esa prosperidad siguió siendo una constante en la historia de Estados Unidos, mientras los países latinoamericanos se hundían en la miseria y en interminables guerras fratricidas. Latinoamérica siguió anclada a sus modelos coloniales, mientras Estados Unidos se insertaba en la carrera industrial.

Pero la esencia de la industrialización fue una razón instrumental, pues dejó de ser considerada como fuente de prosperidad y comenzó a ser entendida como fuente de control y de poder para unos pocos, que usarían a las masas anhelantes de libertad como pretexto para llevar a cabo su proyecto de dominio. De lo más profundo de la inconsciencia humana, que es de donde salen las pesadillas, comenzó a brotar la pesadilla norteamericana.

Con el tiempo le ocurrió lo mismo que al resto de los países en vías de industrialización: comenzó a necesitar recursos y mercados, es decir, colonias, y toda la América al sur de su frontera comenzó a ser considerada como su zona natural de expansión. Entonces Latinoamérica dejó de admirar a Estados Unidos y comenzó a odiarlo.

Paradójicamente, algo tan positivo como ser una tierra de libertades, progreso y prosperidad, lentamente convirtió a Estados Unidos en un imperio. Su amplio territorio, su dominio sobre América, su productividad, su comercio con Europa, sus libertades económicas, lo convirtieron en la sede de grandes fortunas mundiales. Con el paso del tiempo y con la mejoría en las comunicaciones y en el comercio mundial, quedó claro que el capital no tiene patria, que la única patria del capitalista es el dinero, aunque se aprovechen de una nación específica y de sus discursos para generarlo.

Muchos estadounidenses se hicieron ricos y poderosos, con lo cual también hicieron rico y poderoso a su gobierno, que entonces se dedicó a tomar medidas y a hacer leyes que hicieran aún más ricos y más poderosos a sus hombres millonarios. En esa coyuntura, nació el contubernio entre los magnates y el poder político.

Hoy está claro que el país que más produce, que más gasta, que más compra, que más vende y que requiere más energéticos para mantener su nivel de vida y su hegemonía, evidentemente necesita controlar las zonas estratégicas de los recursos mundiales. Y harán lo que sea para lograrlo, como en su momento lo hizo Inglaterra, y en el suyo, hizo Roma. La utopía se transformó en imperio.

Todas las épocas de la historia de la civilización han tenido unas sociedades más fuertes y poderosas que otras; siempre ha habido juego de potencias y siempre ha habido un imperio, llámese Egipto, Roma, Persia, Inglaterra o Estados Unidos, que está por encima de todos y que impone las reglas.

Hoy ese gran ente poderoso es Estados Unidos, que se vale de lo que sea para mantener su hegemonía. Sin embargo, aquí es importante entender cómo un sueño utópico se convirtió en un imperio, para que no se transformen en pesadillas todos los sueños de la humanidad.

Todos los paraísos que ha soñado la humanidad se han convertido en infiernos. Los calvinistas cayeron en los abusos de la Iglesia romana; el luteranismo liberador se convirtió en culto de Estado; Inglaterra copió los excesos que le reprochaba a España; el budismo, que se oponía a las jerarquías estableció jerarquías; el comunismo fue un capitalismo de Estado que sometió al pueblo; el catolicismo ha promovido la superstición que dice prohibir y resultó ser un pozo de intolerancia que asesina en el nombre de un Dios bondadoso; Israel no olvida a los nazis, excepto cuando se trata de los palestinos. Las ideologías liberadoras someten; las víctimas se vuelven victimarios. El ser humano se repite a sí mismo por causa de su inconsciencia.

A su modo y en su tiempo Roma también fue un sueño, una utopía que se volvió terrorífica, primero para los demás y después incluso para sí misma. En principio, el poder del pueblo fue real, y la república romana fue grande, pero con el paso del tiempo el poder del pueblo se quedó en discurso y en pretexto para crear un imperio en su nombre. Mantener el imperio requirió un ejército permanente, lo cual, con el tiempo, destruyó al imperio. Roma fue un sueño que terminó en pesadilla, pues nunca supo bien a bien cuándo y cómo fue dejando de ser una república para ser un imperio. Lo mismo ocurre con Estados Unidos: sus formas republicanas defienden un ideal imperial, su pueblo como legitimador, y su democracia como discurso de dominio. Roma desarrolló un estilo de vida que sólo podía mantenerse en el saqueo de otros pueblos. Y así actuó. Pasado el tiempo en Roma ya no mandaba el pueblo ni el Senado, ni siquiera el César. Dominaba el ejército, como ocurre ahora con Estados Unidos desde el siglo XX, con su élite dedicada al dominio planetario y un pueblo dispuesto a cerrar los ojos mientras mantengan su nivel de vida.

George Washington comandó un ejército que liberó las colonias británicas y las convirtió en Estados Unidos de América. Comenzó su presidencia en 1789 y la dejó ocho años después. En su discurso de despedida señaló que tener un ejército permanente destruiría cualquier estructura de gobierno democrática y generaría una presidencia imperial. Estados Unidos apenas comenzaba su historia y uno de sus fundadores ya advertía sobre el peligro de la militarización.

Otro de sus grandes hombres fundadores, Thomas Jefferson, identificó una situación similar en cuanto a los banqueros: "Las instituciones bancarias son más peligrosas para nuestras libertades que ejércitos enteros listos para el combate. Si el pueblo americano permite que los bancos privados controlen su moneda, éstos y todas las instituciones que florecerán en su entorno privarán a la gente de toda posesión, primero por medio de la inflación, enseguida por la recesión, hasta el día en que sus hijos se despertarán sin casa y sin techo, sobre la tierra que sus padres conquistaron".

Después de 1812, cuando Estados Unidos derrotó definitivamente, por segunda ocasión, a Inglaterra, se consolidó como amo y señor de Norteamérica. Por eso, a lo largo del siglo XIX en términos generales no fue una nación militarizada. Por increíble que parezca, hasta el comienzo de la Primera Guerra Mundial era un país con una política de neutralidad. Su gran aventura bélica hasta entonces fue derrotar, en 1899, a una potencia tan decadente para entonces como era España. Y eso porque los cubanos ya habían ganado 90% de esa guerra.

En 1900 Estados Unidos no tenía enemigo al sur, menos aún al norte, y estaba protegido y aislado por dos grandes océanos. Por eso su ejército constaba de 100 000 elementos cuando en Europa se preparaban masas asesinas de millones de soldados. Pero en el siglo XX el crecimiento industrial de Estados Unidos y de las fortunas de sus magnates, fueron factores que hicieron necesario el imperialismo. Entonces la defensa de la libertad se convirtió en un burdo discurso para justificar el sometimiento.

Aun después de la Primera Guerra Mundial, el pueblo estadounidense seguía creyendo en su aislacionismo, sin darse cuenta de que el sueño americano sólo podía construirse sobre la pesadilla de medio mundo. Tanta energía, tanto petróleo, tantos lujos, tantos gastos, todo ese derroche que significó su *american way of life,* requería recursos inagotables. Y el costo de obtenerlos fue una guerra perpetua.

Es muy probable que el gringo promedio se negara a aceptar que su país hiciera guerras e invasiones destructivas por todo el planeta con el único objetivo de que su familia mantuviera su estilo de vida, lo cual considerarían inmoral... Pero eso es justamente lo que sucede, sólo que en el seno de las formas democráticas de un pueblo que pretende vivir éticamente, las guerras siempre necesitan un disfraz, una causa justa o un enemigo terrible y amenazante.

Con su participación en la Primera Guerra Mundial, Estados Unidos dejó claro su lugar en el concierto de las naciones. Durante la segunda vio la oportunidad de salir victorioso como la única. Se dejó atrapar en el mecanismo del deseo. (El deseo nunca queda saciado, el deseo se desea a sí mismo, el deseo es el reto y la satisfacción en sí mismo. El deseo no tiene límites, por eso el capitalismo se basa en él, pues es la fuente de toda insatisfacción y de todo sufrimiento... Por eso el capitalismo es una trampa para la humanidad.)

Roma nunca supo en qué momento dio el paso del sueño a la pesadilla. Estados Unidos lo dio durante la Segunda Guerra Mundial: libró dos frentes de batalla en dos océanos, ganó la guerra tecnológica del poder atómico, inclinó la balanza hacia el lado inglés y tuvo a su cargo la gran ofensiva aliada. Su comandante supremo fue Dwight Eisenhower, un militar de mente estratégica que, sin embargo, no confiaba en el exceso del poder militar.

El gran papel heroico de Eisenhower en la guerra le valió la presidencia de su país. Y desde esa alta posición, el militar estratega que condujo la victoria aliada en la guerra europea, el que estuvo al mando de un poderoso complejo bélico-industrial, advirtió al pueblo estadounidense de los peligros que corría una democracia libre al quedar bajo el poder de la industria bélica. Pero esa industria hizo poderoso al país, y multimillonarios a sus magnates. Nada volvería a ser igual.

Desde principios del siglo xx, Estados Unidos estuvo involucrado en una militarización nunca antes vista por su pueblo, pues todo proyecto imperial es militar y expansionista. Y una vez que se han echado a andar las ruedas de la industria bélica bajo un sistema de iniciativa privada, incluidas las ganancias que genera, simplemente es imposible detenerlas. Incluso el gobierno termina siendo rehén de sus ciudadanos que producen armas, secuestrado por los mercaderes de la muerte. Cuando la guerra se convierte en negocio, la humanidad debería detenerse a reflexionar. Analizarse.

Desde entonces la carrera militar no cesa. Y ahora ya es necesario liberar presión frente a una acumulación de armas que ya resulta muy peligrosa. Por eso deben usarse, lo más lejos del país, antes de que termine la generación tecnológica. Antes, esas generaciones tecnológicas duraban 10 años. Hoy, subsisten cada vez menos tiempo. Y por eso cada presidente, cada gobierno, sin importar las ideas personales o de su partido, encuentra un rincón del mundo con algún recurso estratégico, donde inventan un conflicto, que supuestamente afecta sus intereses, y ordenan destruir el arsenal bélico que ellos mismos vendieron a su enemigo en turno para dar cabida al de la generación que viene.

Nadie puede estar en contra de la libertad. Por eso es fundamental que esa palabra manoseada sea la base de sus discursos, y que no se conozcan sus motivos ocultos. Cualquier estadounidense apoyaría una guerra en defensa de la libertad, pero no la avalaría si el motivo fuera el dominio del petróleo, aunque en el fondo se nieguen a ver que de ese dominio depende la libertad como la conocen.

En la Segunda Guerra Mundial, Estados Unidos agotó su arsenal, pero una guerra global contra el comunismo fue el pretexto para crear un poderoso ejército defensor de la democracia, como el que ahora defiende a todos contra el terrorismo. La situación es simple: para que el imperio subsista no se debe detener la maquinaria bélica industrial, y para que ésta no sea una amenaza interna hay que exportarla al mundo.

Why We Fight ("¿Por qué peleamos?") se preguntan los gringos críticos de su propio sistema, que sí los hay. Ante esa gran cuestión, casi cualquier norteamericano promedio podría pensar: "Peleamos por la libertad. Nuestro poderío militar no está destinado para la conquista, sino para la defensa del bien en todo el mundo". Ésa es la historia que se cuentan de sí mismos los gringos para dormir tranquilos, aunque su país sigue siendo el que más millones de dólares gasta al año en somníferos.

Así pues, Washington advirtió, en los orígenes de la utopía, acerca del riesgo que significaba tener un ejército permanente; Jefferson, el otro gran fundador del país, advirtió sobre la amenaza de que los capitalistas particulares controlaran la economía. Y en el siglo XX, el gran héroe de guerra, Dwight Eisenhower, previno sobre la amenaza de que el complejo bélico-industrial controlara las decisiones del gobierno. Todas las profecías se cumplieron.

En siglo XXI Estados Unidos posee un ejército permanente, uno de los más grandes del mundo y de los más costosos, distribuido en todo el planeta: George Washington quedó en el olvido. En el siglo XXI los capitalistas particulares dominan la economía y controlan a la población con inflación, crisis y recesión: Thomas Jefferson quedó en el olvido. En el tercer milenio, Estados Unidos, con ese ejército y con esa economía en manos privadas, es dominado por un complejo bélico-industrial: Eisenhower quedó en el olvido.

Grandes estadounidenses advirtieron sobre las amenazas. Grandes pensadores señalaron el camino que no debía seguirse. Todos fueron ignorados, y el ejército, el capital y la industria bélica tomaron el control. Como en Roma, la república se transformó en imperio, y el sueño en pesadilla: la utopía se desmoronó desde sus cimientos.

Roma poseía legiones en todo el mundo, pero un general tenía prohibido entrar a la capital del Imperio con sus legiones. Así de conscientes estaban de la amenaza militar y de la necesidad de tener a los ejércitos alejados y ocupados. Pero, además, en Roma el ejército estaba dividido de tal modo que nunca un hombre tuviese todo el mando. Y en los casos de mayor emergencia, era el Senado, representante del pueblo, el que daba las órdenes militares.

Estados Unidos tiene a su ejército en todo el mundo, pero un fundamento de su constitución es que sólo el Congreso puede declarar y hacer la guerra. Sin embargo, en 2002 las dos cámaras de dicho Congreso concedieron todo el poder militar a un solo hombre: George Bush, quien, como Julio César, se hizo de todo el poder, en un gobierno hipotéticamente diseñado para evitar precisamente esa situación. César lo consiguió con pan y circo; Bush lo logró con circo y miedo.

En su momento de máxima expansión, Roma ocupó desde el Golfo Pérsico hasta Escocia, expansión necesaria para poder obtener los recursos que exigía su estilo de vida. Por la misma razón el Imperio británico llegó a dominar 25% del planeta en el siglo XIX. Exactamente por esa misma causa Estados Unidos entró a la carrera colonial imperial en esa centuria. Hoy, en vez del colonialismo tradicional, la intervención es militar, para establecer libre mercado y vender productos y explotar recursos. El capitalismo termina por enfrentarse a la democracia... Y evidentemente resulta vencedor.

La libertad requiere vigilancia constante y los estadounidenses ya no la vigilan. El ciudadano del imperio prefiere vivir con los ojos vendados, imaginando que su ejército lucha por la libertad, en lugar de vigilar para darse cuenta de que su sueño americano es la pesadilla del resto del mundo.

We the People... Así comienza la Constitución de Estados Unidos: "Nosotros el pueblo". Más allá de los ideales plasmados en dicho documento, "Nosotros el pueblo" es la frase detrás de muchas de las más graves felonías de la historia... "Nosotros el pueblo" legitima todo. Pero el pueblo nunca ha gobernado en el seno de ninguna democracia; sólo ha sido su elemento legitimador. El pueblo no existe; existen los individuos que lo representan, los que se llenan la boca con esa palabra para someter a los pueblos.

Curiosa palabra: *people*. Al traducirla al español puede tener dos acepciones: "gente" o "pueblo", pero en ambos casos se refiere a un ente colectivo. Los entes colectivos no piensan, no pueden gobernarse. Los individuos libres sí piensan; no pueden ser gobernados y por eso los sistemas de gobierno y todas las identidades se constituyen para convertirlos en masas.

La mente del gringo vive en la prisión de las historias que se cuenta de sí mismo, en la arrogancia cultural de su supuesta superioridad, atrapado por su *american way of life* y encarcelado por su idea de libertad. Como todos los seres humanos, el gringo sólo está en busca de la felicidad *(the pursuit of happiness)*, ese derecho consagrado desde su independencia; pero la busca donde nunca podrá hallarla: en la oscuridad, en el pantano del deseo consumista, en la carrera de la eterna competencia que sólo genera frustraciones constantes.

El gringo es prisionero de sus estructuras, de una cárcel sin rejas y sin muros de la que no podrá salir mientras no esté consciente de su propia esclavitud. Más allá de las estructuras hay individuos, y sólo desde la conciencia los individuos pueden distinguir esas estructuras. Sólo el individuo consciente puede liberarse y liberar a los demás. Y sólo el que es verdaderamente libre puede encontrar la felicidad.

El sueño mexicano

México fue una bonita teoría que nunca ha logrado convertirse en realidad; una imagen preciosa en el imaginario colectivo. Una tierra idílica de gente que vive en paz en medio de mariachis y canciones; el paraíso multicolor de charros bravíos, chinas poblanas y ancestros místicos. El país de los sones y los huapangos, de la calidez y la armonía; ese voluminoso cuerno de la abundancia que desparrama sus frutos sobre todos sus hijos; el edén donde todos son hermanos y amigos, el paraíso del macho romántico y de la trémula doncella, donde el tequila no embriaga y las familias son unidas y felices; el jardín de las delicias multiculturales y plurilingüísticas.

Pero, ¿dónde está ese México?, ¿dónde está el sueño que vislumbramos de manera efímera hace muchas décadas?, ¿qué fue de su grandeza?

Ese México sí existe, pero está opacado por la guerra de todos contra todos, por los homenajes musicales a los antihéroes, acochambrado bajo el gris de las urbes mal planeadas y sin aire limpio; ensombrecido por el macho golpeador y la madre abnegada y sumisa, por la pobreza a la que algunos llaman folclor y por los indios convertidos en piezas de museo, añorando una grandeza que no recuerdan haber tenido nunca.

México es un cuerno de la abundancia secuestrado por unos cuantos, donde la miseria es infierno de unos y negocio de otros, y la pobreza y la ignorancia resultan el botín de los que controlan a la gente con discursos de odio disfrazados de justicia. El paraíso perdido donde todo disidente es enemigo, donde la pluralidad es estorbo y no crecimiento, donde el tequila de las fábulas se convierte en marcas de violencia en la piel de las mujeres, y donde las familias unidas y felices son una más de las hipótesis que nos evaden de la realidad.

¿Dónde quedó el México lindo y querido del que el cantor no quería morir lejos? Ése en el que, al despertar la mañana, querían cantar su alegría los sones de guitarras, a sus volcanes, a sus praderas y a sus flores. Un México ensombrecido por el grito de guerra, por la obsesión de estar siempre listo con al acero y el bridón, el país donde cada hijo es un soldado y el soldado enemigo es cualquier otro de sus hijos; un México oscurecido por los cañones horrísonos que truenan, el México de las campiñas teñidas de sangre de los que exhalan su último aliento por nada. El México dejado por los mexicanos al capricho del dedo de Dios.

México nunca fue un sueño pero casi siempre ha sido una pesadilla. Un país que de pronto, sin planearlo y sin saberlo, se topó con la independencia, pero nunca se ha encontrado con la libertad de la que, en realidad, huye. El país surgió como el proyecto de unos cuantos. Y siempre ha sido exactamente eso: el país de unos cuantos que mantienen soñando a los demás sin dejarlos ver la realidad.

México de pronto fue independiente de España pero jamás lo fue de la Iglesia; libre de los políticos de allende el mar pero jamás emancipado de los de este lado del océano. Un país que apenas una década después de haber nacido ya se estaba desmembrando; la tierra donde el catolicismo siguió siendo obligatorio y cualquier idea opuesta fue motivo para declarar la guerra.

El 27 de septiembre de 1821 el país era una fiesta en la que la palabra *libertad* resonaba en todos los labios. Al día siguiente la guerra continuaba: por ser imperio o ser república, por ser centralistas o federales, por marcar los límites de los estados que comenzaron a ser inventados, por ser liberales o conservadores, por quitar o dejar a Santa Anna, por liberarse o no de la Iglesia, por quitarle o por defender sus bienes, por imitar o rechazar a Estados Unidos, por aceptar o rechazar una Constitución, por ser o no ser un protectorado gringo, por traer o no a un monarca europeo. La falta de proyecto es evidente y generó una nación a la deriva en la que todo era motivo para incubar la guerra.

Un México lleno de recursos que siempre ha sido pobre, un México de ideas medievales, un pueblo lleno de cicatrices y de heridas que no cierran, un país eternamente rehén de sus políticos, que siempre lo han considerado un botín de su rapiña. En 1838 Francia invadió su territorio y los mexicanos no se unieron ni los políticos dejaron sus conflictos para defenderlo. Una década después, el invasor era otro pero la división era la misma. Tiempo después volvieron los franceses y el país seguía dividido.

México es un país de niños desamparados; un pueblo que arrastra un mesianismo de doble raíz, tanto india como hispana; un pueblo que no supera el conflicto entre sus dos orígenes; un pueblo que, por lo tanto, se odia a sí mismo y ha generado una sociedad en la que el rencor es la moneda de cambio y el conflicto una práctica cotidiana; un pueblo dormido que ni siquiera aspira a despertar porque no sabe que vive en un sueño.

En México hubo 50 gobiernos durante tres décadas y tres gobiernos en los siguientes 50 años. El país sólo cambia una dictadura por otra. Sale de una cárcel para enjaularse en otra, pero nunca sale de la prisión de su mente y de su sueño. Pueblo y país que esperan a su eterno Mesías desde el día en que nació libre… México es un pueblo que no sabe qué hacer con su libertad.

Una historia que nos contamos de nosotros mismos, en la que somos grandes, una mitología nacionalista transformada en la droga que nos permite evadirnos de la realidad, una grandeza de libro de texto gratuito y de películas de oro que nos impide ver la pequeñez en la que nos hemos encerrado. México siempre ha sido un sueño utópico que jamás ha logrado ser una utopía.

El país donde una guerra civil de indiscriminada matanza se vende como gesta heroica, donde los derrotados se encumbran como héroes y los victoriosos se hunden en el infierno de la historia. Una estructura histórica de cuento de hadas, de buenos contra malos, de blancos y negros, una narrativa de culpables externos y de pueblo victimizado, un eterno relato de conquista, una sempiterna ceguera selectiva, agresión disfrazada de patriotismo y odas a la violencia convertidas en cantos nacionales. Un país de vacas sagradas, de autoridades inapelables, de símbolos sacros e intocables.

La realidad es el reflejo de nosotros mismos, el espejo que sólo puede reflejar lo que se muestra, el eco de las montañas que sólo puede repetir lo que se le grita.

La realidad tan sólo es el eco de nuestro ser, tanto entre individuos como entre naciones. Si en el centro de la tierra retiemblan los cañones, el eco sólo puede devolver rugidos y violencia, pero cuando se ofrece música, el mismo eco devuelve canciones.

México es el país que de 1833 a 1855 dependió de los caprichos de Santa Anna; desde ese año hasta 1872 de los de Juárez, y de 1876 a 1911, de los de don Porfirio. Luego dependió de azares revolucionarios y de caudillos de dudosas causas, de quienes surgió el grupo que institucionalizó la Revolución y de cuyos caprichos depende la nación hasta el siglo XXI. México es el país que quiere libertad sin responsabilidad y que busca democracia sin demócratas. El país que nació sin saberlo y caminó sin rumbo todo el siglo XIX, que se destruyó a sí mismo en una Revolución pletórica de teorías ideológicas que 100 años después no se concretan en la realidad; el país que aclama a sus dictadores para luego poder odiarlos, el pueblo que no quiere crecer, la nación con un nacionalismo de odio, como son todos los nacionalismos.

Nuestro país es la patria donde se prueban todos los modelos y sistemas, donde se pasa del socialismo nacionalista y revolucionario al capitalismo controlado, de la economía global a la sustitución de importaciones, al socialismo paternal, al neoliberalismo voraz y despiadado, a las economías mixtas que toman no lo mejor sino lo peor de todos los sistemas. El país donde el pueblo siempre ha sido masa y la masa siempre ha sido controlada con la dádiva, el hueso, el subsidio, el favor, el privilegio.

México como proyecto nunca fue soñado. Por eso no hay un sueño mexicano, por eso sólo hay pesadillas; porque es imposible que un pueblo sueñe lo mismo donde las más grandes riquezas del planeta se codean con las más terribles miserias y donde esas miserias son un patrimonio electorero.

El único sueño mexicano siempre ha sido el que vive en la mente dormida de los mexicanos que prefieren las teorías por encima de la realidad, de los que no buscan verdad sino consuelo; de las mentes que prefieren la tranquilidad del autoengaño.

Nuestro eterno destino no está escrito por el dedo de Dios, sino por los patrones de conducta y el comportamiento que heredamos del pasado, de forma inconsciente, sin cuestionarlos ni analizarlos.

Temerosos de un presente en flujo continuo, nos aferramos a las abstracciones mentales que hemos construido. A esa imagen estática e inmóvil de la identidad que nos da una falsa certidumbre y a los mitos de una grandeza que se oculta tras la realidad.

México es el país que acoge a un pueblo que prefiere vivir soñando, de individuos que no van a despertar mientras no se enteren de que están dormidos. Puede haber un sueño mexicano, puede ser una utopía, pero ese sueño sólo puede ser construido por seres humanos despiertos y conscientes.

La mujer dormida no ha dado a luz ni lo va a hacer por arte de magia. México puede tener otra historia, pero sólo si cambiamos la historia que nos contamos de nosotros mismos.

Y POR SIEMPRE

EN EL CIELO…

Observaron a lo lejos; observaron sin juzgar, pues todo juicio implica división; observaron sin filtros ideológicos que sólo oscurecen la realidad; observaron sin pensamientos porque éstos son nubarrones en un cielo azul; observaron en silencio porque ése es el lenguaje de la existencia; observaron conscientemente, pues ésta es la única forma de llevar luz a la oscuridad; observaron hasta ver las estructuras a lo lejos, hasta rasgar el velo de las ilusiones y comprender los engaños… Observaron hasta observarse a sí mismos como parte de lo observado.

Fue así como dos mentes distintas y distantes fueron superadas y vistas desde un lugar más allá de la propia mente, el lugar donde están programadas las diferencias; fue así como dos individuos rompieron la ilusión de su individualidad y comprendieron la dualidad de todos los individuos y la unicidad que existe más allá de toda dualidad, la fusión que se esconde tras las contradicciones de la existencia, y la interdependencia y la absoluta interconexión de absolutamente todo.

Dos mentes que fueron un producto sociocultural, determinadas por la historia, la geografía, las religiones; por el miedo, y por los odios y las aversiones que se derivan de él. Esas mentes lograron comprender el engaño, superar la ofuscación, observar las estructuras, disolver la penumbra de la ilusión individualista y contemplar el inmenso todo que gira alrededor de la nada.

Dos mentes llenas de ideologías lograron vaciarse; dos mentes programadas lograron ver la programación, contemplaron la oscuridad desde la luz y observaron el mecanismo del deseo, la realidad que subyace a todo sufrimiento. Desde ese lugar sin tiempo ni espacio que es la eternidad pudieron comprender la ilusión del devenir al que llamamos tiempo, la naturaleza limitada de la razón y la realidad ilimitada de la conciencia.

Ahí estaba la estructura que encadena a la humanidad, el engranaje de odios y apegos, de guerras y violencia; la maquinaria movida por el miedo. Pero era sólo una estructura superficial, detrás de la cual se hallaba el fulgor radiante de quienes lograron despertar de la inconsciencia, humanos todos, cada uno de ellos una esperanza, cada uno de ellos una buena noticia, cada uno de ellos una luz y un faro.

No había Dios pues no había conceptos; no había conceptos pues dominaba el lenguaje del silencio, desde el cual pueden comprenderse todas las verdades de la única verdad. No había tiempo ni espacio pues no había mente; no había ángeles porque no había división. Toda la existencia se mostraba y se manifestaba como la gran unicidad que es; todas las divisiones se adivinaban a lo lejos, todas las contradicciones se comprendían, todas las aversiones se desvanecían y todos los egos quedaban disueltos.

No había creador ni creación; no había nada distinto y tampoco nada permanente. Todo era ese maravilloso flujo de éxtasis, esa dicha que siempre ha estado esperando detrás de las ideas, encubiertas por la mente, negadas por los conceptos y por las teorías. Todo era el más extraordinario lienzo en blanco donde todo podía ser pintado; todo era el silencio del que podían brotar todas las sinfonías.

A lo lejos los ángeles seguían naciendo en forma de niños, todos con la mente en blanco, todos con la dicha y la plenitud como derecho natural, todos como parte de la gran unicidad de la existencia que comenzaría nuevamente a dividirse; todos como parte constante de ese interminable proceso de salir y volver del paraíso.

Los ángeles seguían naciendo en forma de niños, nacían seres íntegros y completos que eran divididos en gringos y en mexicanos, en judíos y en musulmanes, en hindúes y en budistas, en católicos y en protestantes. Pero serían niños, en quienes siempre hay esperanza. Comprender a uno significa comprenderlos a todos.

Las puertas del paraíso en la Tierra se abrían de par en par. La existencia era más plena y estaba dispuesta a habitar el corazón de cada ser consciente. Era el paraíso del que nunca nadie fue expulsado jamás, como afirmaba la sacrílega mentira que nos contaron para infundirnos el peor de los venenos: el miedo.

Todo era observado desde el efímero instante presente, del único que existe: la eternidad. Las barreras y las fronteras internas de la existencia habían desaparecido y sólo quedaba el inmenso océano de la realidad, ese universo del que todos y cada uno es una pequeña partícula elemental y al mismo tiempo todas las estrellas. La sinfonía gloriosa de la que cada quien es una nota y al mismo tiempo el acorde elemental.

Habían experimentado la disolución en esa inmensa nada que es el todo de la existencia. El estruendoso ruido del silencio llenó el mundo entero y se apoderó de todo y de todos. Pudieron observar los astros en los ojos de la humanidad y cada gota del océano en cada una de sus lágrimas. Pudieron ver los cuerpos celestes del pasado en cada una de las moléculas de cada miembro de la especie, y cómo la puerta cerrada del paraíso se derrumbaba frente a todos.

El silencio habló. Eran millones pero en ese instante fueron uno solo, como siempre ha sido desde el principio de los tiempos. No existen las divisiones; el edén no está en un más allá. Realidad sólo hay una.

EPÍLOGO: LA ÚNICA Y VERDADERA LIBERTAD

Cuando publiqué *Los mitos que nos dieron traumas,* uno de los comentarios que recibí fue que, así como hay libros de superación personal, ése era un libro de superación nacional. Justo en ese momento no supe qué pensar, pues en general nunca me han gustado los libros de superación personal, que suelen presentar recetas estereotipadas y genéricas del éxito, a tal grado que hasta describen el horario matutino del hombre exitoso y la forma en que debe vestirse, explican cómo ganar amigos e influir sobre las personas y nos develan el secreto más grande del mundo.

No obstante, la intención de aquel libro era, en efecto, ésa: la superación de la nación a través de las ideas. Ahora me senté a escribir un nuevo libro con la certeza de que la nación no existe, y no me refiero a la nuestra, sino a todas las que dicen llamarse de ese modo. Existen los individuos. Y no hay otra forma de lograr la superación del colectivo imaginario al que llamamos nación, si no nos concentramos en la superación del individuo. Y así, de pronto, pensé que quizás estaba escribiendo un libro de superación personal con la nación como pretexto.

Pero no es así por algo simple: el individuo no puede superarse, pues el individuo es perfecto. El problema es que los individuos casi no existen, precisamente porque han quedado prisioneros en esas jaulas ideológicas que son las naciones, las religiones, cualquier cantidad de *-ismos* y sistemas de creencias que sólo existen precisamente para controlar al individuo; más aún, para destruirlo, ya que un verdadero individuo no puede ser controlado jamás. Así pues, esto pasó a ser un libro de *liberación personal*, con la nación como pretexto y la historia como cauce.

Sólo el desarrollo de individuos conscientes, liberados de las estructuras sociales, culturales, históricas e ideológicas —que a fin de cuentas son estructuras mentales—, puede llevar a la superación de esa abstracción a la que llamamos nación o patria; la superación del ente colectivo a través del desarrollo y el crecimiento individual. El problema entonces es evidente, pues las naciones están gobernadas, dominadas y sometidas por políticos, y los políticos son, en esencia, enemigos del individuo y amigos de las masas.

Los políticos (y hay que tomar en cuenta que en esta categoría entran los ministros de culto, los políticos de Dios) buscan el control, el poder y el dominio. Los mueve la ambición. Incluso los que se han convencido a sí mismos de que en verdad tienen buenas intenciones, están dominados por esas bajas pasiones. De lo contrario no serían políticos.

Ellos tienen ideas, planes y proyectos, ideologías y sistemas de creencias, y quieren generar masas que repliquen sus ideas. Todo el poder del político emana de esa circunstancia:

de la existencia de masas amorfas que compartan la única visión del mundo y de la sociedad que ellos establecen como válida. Las masas *nunca* van a superar, y mucho menos liberar, a una nación.

El pueblo no puede salvar al pueblo ni la nación a la nación, como un ciego no puede guiar a otro ciego. Los individuos liberados de la idea de la nación y el pueblo, y de todas las demás ideas, pueden salvarse a sí mismos. A mayor cantidad de individuos que logren esa liberación, mayor posibilidad existe de que ese colectivo imaginario se supere a sí mismo.

México, al igual que cualquier país, es una construcción; es algo que antes no existía, que ahora existe y que en un futuro determinado no existirá, porvenir cercano si no cambiamos nuestra forma de pensar.

Los individuos, en contraparte, son realidades existentes, libres de formar ésta o cualquier otra patria; pero en muchos casos están tan perfectamente programados, que son los primeros en atacar su propia individualidad al repetir teorías políticas que señalan precisamente que los individuos vienen y van pero las naciones son eternas.

Señalemos lo obvio: las teorías políticas se inventan para afianzar y legitimar el poder de los políticos. Entre más les compremos las ideas políticas a los políticos, más lejos estaremos de la liberación y, por lo tanto, de la superación individual, único camino que podrá conducirnos a la superación y a la liberación nacional; lo cual evidentemente tendrá que ocurrir por medio de una revolución, pero no de una revolución armada —pues ésta sólo cambia a la persona o al grupo que somete al resto de la estructura—, sino una revolución en el terreno de las ideas y de la conciencia.

Las masas no tienen remedio, los entes colectivos no tienen esperanza. Esas abstracciones son ideas fijas que no cambian con el transcurso del tiempo. Toda esperanza reside en los individuos; en su individualidad pero no en su individualismo, desde luego. Los individuos son libres y capaces de pensar por sí mismos, a lo cual, precisamente, más teme el político.

Una de las principales herramientas de los políticos para aniquilar la individualidad y generar masas amorfas y manipulables es la creación de esa estructura estática a la que llamamos identidad: la idea de ser idénticos entre nosotros e idénticos a lo que fuimos en algún punto del pasado.

Toda identidad es una ficción, una construcción, una prisión masiva. La única y verdadera libertad consiste en romper las estructuras, no en reformarlas ni modificarlas, ni mucho menos en cambiar al grupo de individuos que las controlan. Hablo además de estructuras mentales, ya que es en la mente, y no en la realidad, donde existen todas las demás estructuras y todas las prisiones.

El problema, como si viviéramos en la *matrix*, y de alguna forma lo hacemos, es que la estructura que somete nuestras mentes nos da tanta falsa seguridad que nos aferramos a ella e incluso la defendemos a muerte. Ésa es la razón por la cual millones de personas se matan entre sí en las guerras: para defender estructuras que limitan al individuo y empoderan al político. Ninguna guerra ha sido diferente. No existen las guerras justas.

La mente humana, temerosa de lo que fluye y se transforma, siempre ha preferido las teorías por encima de la realidad.

La realidad cambia y las teorías no; por eso la realidad siempre va a la vanguardia y las teorías un tanto rezagadas.

A los políticos no les importa la realidad. Ellos necesitan las teorías, porque más allá de lo que digan sus discursos y sus justificaciones para detentar el poder, en realidad no les interesa la nación, sino el poder por el poder... aunque su teoría sostenga que desean el poder por el bien de la nación, que nunca ha sido beneficiada. Ésa es la realidad sin teorías.

La profesión del político es la división y el conflicto. Él dice que no y quizás se lo cree; argumenta que su trabajo es justamente lo contrario. Dice que quiere que todo esté bien, que todo mejore, pero si lograra eso se quedaría sin trabajo y sin poder; dejaría de ser necesario; dejaría de acaparar la atención de los individuos. Y toda su vida y su carrera dependen, precisamente, de que se les ponga atención.

Si las personas fueran felices, el político se quedaría sin trabajo, entre otras cosas porque nadie necesitaría promesas para el mañana. Lo anterior incluye, como en ningún otro caso, a los políticos de Dios, que también, como los políticos del Estado, son vendedores: para poder mercarse a sí mismos, venden esperanzas y paraísos. Por eso se dedican a generar infiernos, pues sólo así pueden prometer edenes.

El momento presente, el *aquí* y el *ahora*, el efímero instante, es la joya que todos tenemos a nuestro alcance. Ése es el único momento que nos ofrece la posibilidad de ser dichosos. Por eso los políticos nos recuerdan el pasado y nos prometen el futuro; un pasado como origen de todos los problemas y un futuro como su inminente pero inalcanzable solución. Desde la conquista hasta que votes por mí; desde el pecado original hasta que, por seguir mis normas y pagar el diezmo, alcances el paraíso. Todos los políticos hacen que nos evadamos del momento presente.

Con todo lo anterior debería ser clara una obviedad que voy a señalar de cualquier forma: no tengo ideología ni sistema de creencias; ni partido ni religión. No promuevo ningún tipo de *-ismo*, esto es, ningún sistema sometedor.

La libertad y la plenitud están fuera de las estructuras. No soy de izquierda ni de derecha porque ambos extremos son sectarios e igual de limitados. Derecha e izquierda son dos amigos que parecen antagonistas pero no lo son. Dos ideas sometedoras, dos ideologías que se necesitan mutuamente para existir y someter a los que creen en la inminencia de su choque. Cada una es la bendición de la otra, su alimento y su combustible.

No soy capitalista porque ningún individuo con conciencia puede seguir un sistema que, para beneficio egoísta de una pequeña parte de la población, de cada país y del mundo, destruye a todo y a todos los demás. No soy comunista porque defiendo a los individuos, y nada ha aniquilado más a éstos en la historia que esa ideología que afirmaba querer liberarlos.

Soy apátrida en todos los sentidos. No soy criollo ni hispanista y, desde luego, no soy indigenista, pues estoy en contra de etiquetar a los seres humanos. Por eso mismo no soy mexicano, pues ese es sólo mi estatus legal y el origen de mi pasaporte por causa del azar histórico y geográfico que no permito que me limite. México es, eso sí, el rincón del mundo en el que nací, al que le debo lo que soy, al que agradezco lo que me ha ofrecido, y al que me gustaría ver prosperar.

No soy creyente, pues lo que experimento no tengo que creerlo, ni soy ateo, porque serlo significaría dejar de buscar y, por lo tanto, declararme muerto, estático e inmóvil.

No soy demócrata porque ese es otro discurso manipulador cuando el *demos* es un rebaño que sigue pastores. Menos aún soy dictatorial, pues los individuos *nunca* prosperan en una dictadura y bajo ningún poder absoluto. No soy liberal ni mucho menos conservador. No estoy en un bando ni mucho menos en el contrario. Simplemente soy libre.

No soy nada, absolutamente nada. Y en eso reside mi libertad. Quisiera un México y un mundo sin izquierdas y sin derechas, sin demócratas y sin monárquicos, sin capitalistas y sin comunistas, sin ateos y sin creyentes, sin liberales y sin conservadores... Sin ideólogos y sin ideologías. Con individuos libres, que son la única esperanza para México y para el mundo.

BIBLIOGRAFÍA

Adams, Paul, "Los Estados Unidos de América", *Historia universal,* vol. 30, Siglo XXI Editores, México, 2000.

Adorno, Theodor, y Max Horkheimer, *La dialéctica de la ilustración*, Trotta, Madrid, 2006.

Aguilar Camín, Héctor, y Lorenzo Meyer, *A la sombra de la Revolución mexicana*, Cal y Arena, México, 2001.

Alatorre, Antonio, *Los 1001 años de la lengua española: tercera edición algo corregida y muy añadida,* FCE, México, 2008.

Alemán Velasco, Miguel, *Si el Águila hablara*, Diana, México, 1999.

Asimov, Isaac, *El nacimiento de Estados Unidos*, Alianza, Madrid, 2008.

——, *Estados Unidos, de 1816 a la guerra civil*, Alianza, Madrid, 2007.

——, *Estados Unidos, de la guerra civil a la Primera Guerra Mundial,* Alianza, Madrid, 2007.

——, *La formación de América del Norte*, Alianza, Madrid, 2007.

Bartra, Roger, *Anatomía del mexicano*, Plaza y Janés, México, 2004.

Batalla, Xavier, *¿Por qué Irak?*, Random House Mondadori, Madrid, 2003.

Berman, Morris, *El crepúsculo de la cultura norteamericana*, Sexto Piso, México, 2005.

Beyhaut, Gustavo y Helena, "América Latina. De la independencia a la Segunda Guerra Mundial", *Historia universal*, vol. 23, Siglo XXI Editores, Madrid, 2000.

Bourdieu, Pierre, *¿Qué significa hablar?: economía de los intercambios lingüísticos*, Akal, Barcelona, 2001.

Bovard, James, *Terrorismo y tiranía*, El Ateneo, Buenos Aires, 2004.

Brinkley, Alan, *Historia de los Estados Unidos, un país en formación*, McGraw Hill, México, 2003.

Brom, Juan, *Esbozo de historia de México*, Grijalbo, México, 2000.

Buquet, Gustavo, *El poder de Hollywood: un análisis económico del mercado audiovisual en Europa y Estados Unidos*, Fundación Autor, Madrid, 2005.

Camacho, Santiago, *Las cloacas del imperio. Lo que Estados Unidos oculta al mundo*, El Ateneo, Buenos Aires, 2004.

Campbell, Joseph, *El héroe de las mil caras. Psicoanálisis del mito*, FCE, México, 2006.

Chomsky, Noam, *El terror como política exterior en Estados Unidos*, Siglo XXI Editores, México, 2003.

——, *Lo que realmente quiere el Tío Sam*, Siglo XXI Editores, México, 2003.

——, *Piratas y emperadores*, Ediciones B, Barcelona 2004.

Eco, Umberto, *Apocalípticos e integrados*, Tusquets, México, 2005.

——, *Tratado de semiótica general*, De Bolsillo, México, 2005.

Ferguson, Niall, *Civilización: Occidente y el resto*, Debate, México, 2013.

Fromm, Erich, *Anatomía de la destructividad humana,* Siglo XXI Editores, México, 1995.

——, *El corazón del hombre*, FCE, México, 1982.

Gore, Al, *El ataque contra la razón*, Debate, México, 2007.

Huntington, Samuel, *¿Quiénes somos? Los desafíos a la identidad nacional estadounidense,* Estado y Sociedad, Paidós, Barcelona, 2004.

——, *El choque de civilizaciones y la reconfiguración del orden mundial,* Paidós, México, 1998.

Kennedy, Paul, *Auge y caída de las grandes potencias*, Plaza y Janés, Madrid, 1997.

Lida, David, *El gringo a través del espejo*, Cal y Arena, México, 2006.

Maigret, Eric, *Sociología de la comunicación y de los medios*, FCE, México, 2005.

Moyano, Ángela, y Estela Baez, *EUA: una nación de naciones*, Instituto Mora, México, 1993.

Moore, Michael, *Estúpidos hombres blancos*, Ediciones B, Grupo Z, Madrid, 2003.

Oppenheimer, Andrés, *Los Estados Desunidos de Latinoamérica*, Debate, México, 2009.

Ortega y Medina, Juan. *Destino Manifiesto. Sus razones históricas y su raíz teológica*, Patria, México, 1989.

Petras, James, *¿Imperio o república? Poderío mundial y decadencia nacional de Estados Unidos*, Siglo xxi Editores, México, 2008.

Ramírez, Santiago, *El mexicano: psicología de sus motivaciones*, Grijalbo, México, 1977.

Riding, Alan, *Vecinos distantes*, Joaquín Mortiz, México, 1999.

Sánchez Navarro, C., *La guerra de Tejas*, Sedena, México, 1981.

Sartori, Giovanni, *Homo Videns. La sociedad teledirigida*, Taurus, México, 1998.

Van, Dijk, *La noticia como discurso*, Paidós, Barcelona, 1990.

Van Loon, Boris, y Ziauddin Sardar, *Estudios culturales para todos*, Paidós, México, 2005.

Whorf, Benjamin Lee, *Lenguaje, pensamiento y realidad*, Barral, Barcelona, 2005.

Zabaltza Xavier, *Una historia de las lenguas y los nacionalismos*, Gedisa, Barcelona, 2006.

Esta obra se terminó de imprimir
en el mes abril de 2025,
en los talleres de Impresos Santiago S.A. de C.V.,
Ciudad de México.